lina bo bardi solar do unhão manor house
salvador, brasil
1957 • 1968

marcelo carvalho ferraz (org.)

textos/texts: lina bo bardi • andré vainer

edições sesc

Sesc

SERVIÇO SOCIAL DO COMÉRCIO
Administração Regional no Estado de São Paulo

Presidente do Conselho Regional
Abram Szajman
Diretor Regional
Luiz Deoclecio Massaro Galina

Conselho Editorial
Carla Bertucci Barbieri
Jackson Andrade de Matos
Marta Raquel Colabone
Ricardo Gentil
Rosana Paulo da Cunha

Edições Sesc São Paulo
Gerente Iã Paulo Ribeiro
Gerente adjunto Francis Manzoni
Editorial Clívia Ramiro
Assistentes: Ana Cristina Pinho, Bruno Salerno Rodrigues,
Antonio Carlos Vilela, Cláudia da Costa Melo, Vanessa Paulino da Silva
Produção gráfica Fabio Pinotti
Assistente: Ricardo Kawazu

3

4

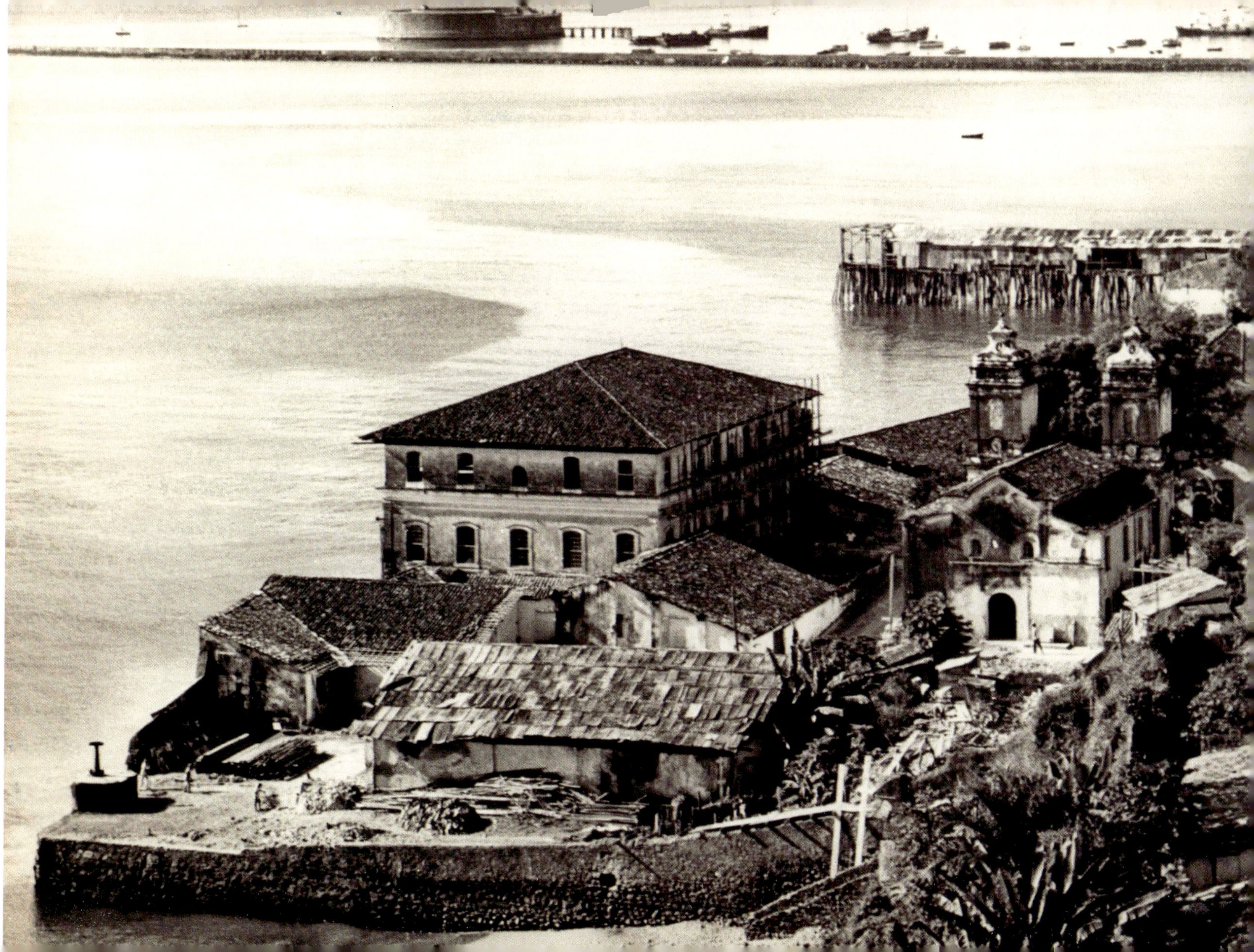

o solar da esperança
andré vainer

O Unhão de Lina foi construído em oito meses, durou um ano e meio, há 50 anos, e permanece até hoje como uma sombra do que ali se passou.

Solitária, dedicada e tomadora de conta, Lina trabalhava 14, 16 horas por dia para edificar o que poderia ter sido e foi, por um instante, um projeto político para uma região do país dominada por oligarquias seculares que pretendiam, na manutenção da miséria, o poder sem fim.

Sua ideia de um centro de encontros e atividades educativas, de estudos e projetos, de exposições da produção artística, do artesanato de objetos e utensílios de uso cotidiano e da imagética religiosa, do então chamado Polígono das Secas, estava comprometida com a revelação das características culturais e sociais que os tinham produzido e se constituiu como base da proposta. Estabeleceu o programa Civilização Brasileira, que compreendia quatro grandes exposições: *Civilização do Nordeste*, *O índio*, *África-Bahia*, *A Europa e a Península Ibérica*. Este foi o resultado de observações e análises políticas e ideológicas feitas por Lina nos cinco anos em que permaneceu na Bahia.

Estrangeira, mas brasileira por escolha, socialista, com um enorme conhecimento dos caminhos da história e dos períodos estéticos vividos no Velho Mundo, Lina conseguiu perceber a força, a resistência e a amplitude de uma produção cultural arraigada à tradição da miscigenação. Sua sólida crença na prática gramsciana, especialmente no

the manor house of hope
andré vainer

Lina's Unhão was built in eight months, lasted one and a half year, 50 years ago, and subsists today as a shadow of what happened there.

The lonely, devoted and care-taking Lina worked 14, 16 hours a day to build what could have been, and was for a moment, a political project for a region in the country dominated by archaic oligarchies that aimed to perpetuate their power by perpetuating poverty.

Her project of a center for educational meetings and activities, studies, projects and exhibitions of artistic works, handmade objects and utensils for daily use, and religious imagery of the called Polígono das Secas (Drought Polygon) was committed to the idea of revealing the cultural and social characteristics behind their production, which became the basis for her proposal. As a result of her political and ideological analysis and observations during the five years she lived in Bahia, Lina developed the program The Brazilian Civilization comprising four major exhibitions: *Northeastern civilization*, *The Indian*, *Africa-Bahia*, *Europe and the Iberian Peninsula*.

Foreign by birth and Brazilian by choice, a socialist with a huge knowledge of the history of the Old World and its aesthetic periods, Lina could see the strength, the resistance and the amplitude of a cultural production rooted in the tradition of miscegenation. Her firm belief in the Gramscian practice, especially regarding the issue of cultural hegemony and the role of intellectual-political leader as a "builder, organizer, persuader", took the reins.

que tange à questão da hegemonia cultural e ao papel do intelectual-dirigente político, "construtor, organizador, persuasor", tomou rédea.

Sua proposta para uma dialética entre o conhecimento popular das técnicas dos artesãos de ofício e o conhecimento científico via universidade criou um programa extremamente ambicioso de ensino e produção, em contraponto com a extrema simplicidade de sua intervenção em um monumento histórico, o que explodiu em um museu totalmente *sui generis*. A única das quatro grandes mostras que pretendeu realizar – a exposição *Nordeste* – inaugurou em 1964 um centro cultural em direção ao Brasil.

O Unhão ainda está lá, com pistas apagadas pelos anos, como parte daquilo que foi, no curtíssimo período de vida sob seu comando. Para a sorte de todos nós, o lugar, pensado e corajosamente projetado e edificado com meios mínimos e pouquíssima gente, permanece abrigando um dos museus mais bonitos do país e, certamente, é o local mais acolhedor da Bahia.

Nas próximas páginas apresentamos os textos de Lina sobre esta aventura: sua descrição do projeto, o memorial descritivo apresentando o início das obras do conjunto em "Critérios propostos para a recuperação do Solar do Unhão", sua apresentação da exposição *Nordeste*, seu balanço sobre aqueles anos no contundente "Cinco anos entre os brancos". Todos mostram o extremo envolvimento de Lina com o trabalho, envolvimento este que foi sempre total: físico, emocional, intelectual, intransigente, combativo, rumo àquilo que ela acreditava ser o ofício do arquiteto.

Her proposal for a dialectics between the popular knowledge of artisan's techniques and the academic scientific knowledge, created an extremely ambitious program for teaching and production, as opposed to the extreme simplicity of her intervention in a historical monument, and irrupted into a completely *sui generis* museum. Only one of her four planned major exhibitions was held, the *Northeast* exhibition, which launched in 1964 a cultural center focused on Brazil.

The Unhão is still there, evoking, despite the vestiges erased by time, some of what it was during the short period under her command. Fortunately for all of us, the conceived and boldly designed place, built with minimal resources and a few bunch of people, still houses one of the most beautiful museums in the country and certainly the most welcoming site in Bahia.

In the following pages we present Lina's writings on this adventure: a description of her project; descriptive memorial by the occasion when the works should start in "Criteria Proposed for Restoring the Unhão Manor House", her introduction to the exhibition *Northeast*; a review of those years in the blunt "Five Years Among the Whites". All of them show the extreme and full engagement of Lina to her work – an engagement that was physical, emotional and intellectual, an uncompromising and struggling effort towards what she believed to be the architect's role.

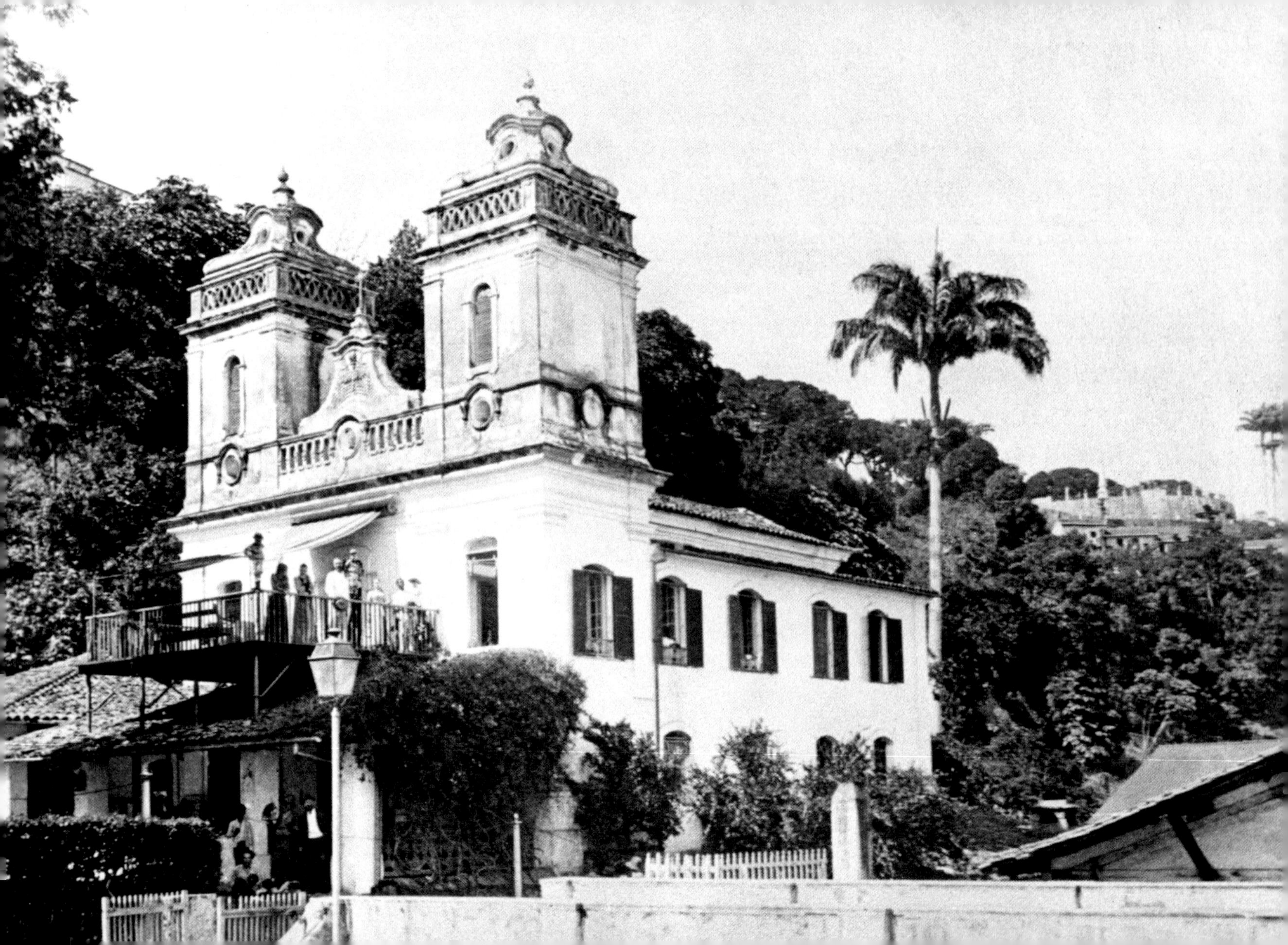

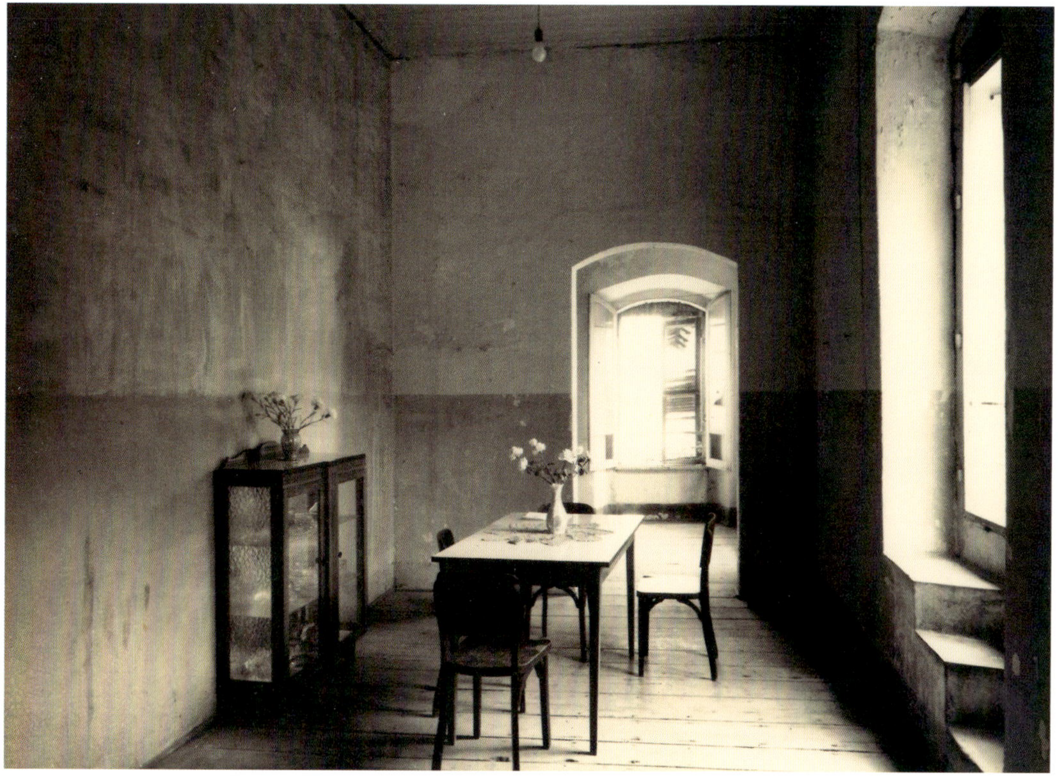

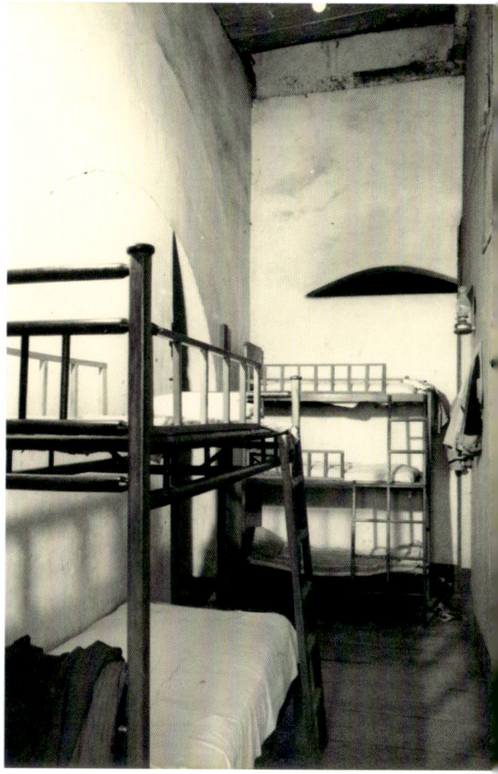

solar do unhão
lina bo bardi

Importante conjunto arquitetônico, cuja construção data do século XVI. Foi modificado no século XVII e no século XIX, neste último quando foi instalada no conjunto uma das primeiras manufaturas do Brasil. Nos anos 1940 foi tombado pelo então Serviço do Patrimônio Histórico e Artístico Nacional.

Em 1960 foi restaurado e transformado em um Centro de Documentação sobre Arte Popular e Centro de Estudos Técnicos do Nordeste, visando a passagem de um pré-artesanato primitivo à indústria moderna.

A restauração incorporou as intervenções significativas que o conjunto sofreu durante sua história. Todos os aspectos dramáticos do ambiente foram respeitados. Uma nova escada foi construída, com um sistema de encaixes dos antigos carros de boi. A belíssima estrutura de madeira de lei foi respeitada, bem como os elevadores manuais da velha manufatura.

Importante na minha vida foi minha viagem ao Nordeste e o trabalho que eu desenvolvi em todo o Polígono da Seca. Ali eu vi a liberdade. A não importância da beleza, da proporção, dessas coisas, mas a de outro sentido profundo que eu aprendi com a arquitetura, especialmente as arquiteturas dos fortes, ou primitivas, populares, em todo o Nordeste do Brasil.

No período de 1958 a 1960 e pouco, a Bahia viveu o esplendor de um conjunto de iniciativas que representou uma esperança muito grande para

manor house
lina bo bardi

Important architectonic ensemble, whose construction dates back to the 16th century and which was subsequently modified in the 17th and 19th centuries. The latter saw the establishment of one of Brazil's first manufacturing units. In the 1940s it was given protected-status by what was then known as National Historical and Artistic Heritage Service.

In 1960 it was restored and transformed into a Documentation Center for Popular Art and a Technical Studies Center for the Northeast of Brazil. Its aim was to see the transition from primitive pre-craftwork to modern industry.

The restoration incorporated the significant alterations which took place there throughout history. All the dramatic characteristics of its setting were respected. A new stairway was built using the system of fittings of old oxcarts. The beautiful hardwood structure was respected, as well as the old manual elevators.

My trip to the Northeast of Brazil and the work I developed all over the semiarid region was an important part of my life. There, I saw freedom. I saw how unimportant beauty, proportion and similar concepts were. But, all of them less important than a profound sense that I learned from its architecture, especially the architecture of the fortresses, as well as the primitive or popular architecture.

From 1958 to the early 1960s, Bahia experienced the splendor of a set of initiatives that gave great hope to the entire country, stretching from the far North to as far south as Rio de Janeiro or beyond (though São

todo o país, se estendendo do extremo Norte pelo menos até o Rio de Janeiro (São Paulo ficou de fora, infelizmente): a Escola de Teatro, de Dança, a Escola Superior de Música e o Museu de Arte Moderna.

O discurso era outro. Era um discurso sociopolítico, ligado diretamente à economia e à história do Brasil. Foi um processo que ocorreu não só na Bahia, mas no Nordeste todo, e que não pode ser abolido. Em Pernambuco, no Triângulo Mineiro, no Ceará, no Polígono da Seca, se encontrava um fermento, uma violência, uma coisa cultural no verdadeiro sentido histórico de um país, que era o conhecer de sua própria personalidade.

O Museu de Arte Popular do Unhão não foi pensado como museu folclórico, isto é, documentação estética da cultura popular julgada pela "alta" cultura.

Devia ter sido o museu de "arte" como "artes", ou seja, o "fazer", os "fatos", os acontecimentos do cotidiano.

O programa Civilização Brasileira continha quatro exposições: *Civilização do Nordeste*, *O índio*, *África-Bahia* (com a colaboração de Pierre Verger), *A Europa e a Península Ibérica*.

Uma série de acontecimentos impediu o cumprimento do programa.

Passados doze anos, cabe à nova geração a tarefa, embora as premissas sejam outras. O Brasil entrou, queira ou não, na era da industrialização.

E aquilo que era "aproveitável" naqueles anos, hoje é história.

Que a página seja virada e que o esforço continue com a sinceridade com que nos pusemos na pesquisa das forças básicas do país.

Paulo, unfortunately, didn't participate): the School of Theater, the School of Dance, the Advanced School of Music and the Museum of Modern Art.

The discourse was different then. It was sociopolitical, directly associated to Brazil's economy and history. Changer were taking place not only in Bahia, but in the entire Northeast: a process which could not be overturned. It was fermenting in Pernambuco, in the Triângulo Mineiro [region of Minas Gerais], in Ceará and in Polígono das Secas (Drought Polygon), a violent, cultural phenomenon in the true historical sense of a country, as if discovering its true personality.

The Unhão Museum of Popular Art was not conceived as a folkloric museum, that is, for the purpose of aesthetically documenting popular culture through the lenses of "high" culture. It should have been the Museum of "art" as in the "arts", that is, as in "making artifact", the "facts" and the events of everyday life.

The Brazilian Civilization program, consisted of four exhibitions: Northeastern civilization, Northeast civilization, The Indian, Africa-Bahia (with the collaboration of Pierre Verger), *Europe and the Iberian Peninsula*.

A series of events meant that the program could not go ahead.

Twelve years went by and this task has now been left to the next generation, although its premises are different. Like it or not, Brazil has entered the era of industrialization.

And, what "salvageable" those years today is history. Let the page be turned, so the effort continues with the same sincerity with which we immersed ourselves in researching our country's essential strengths.

12

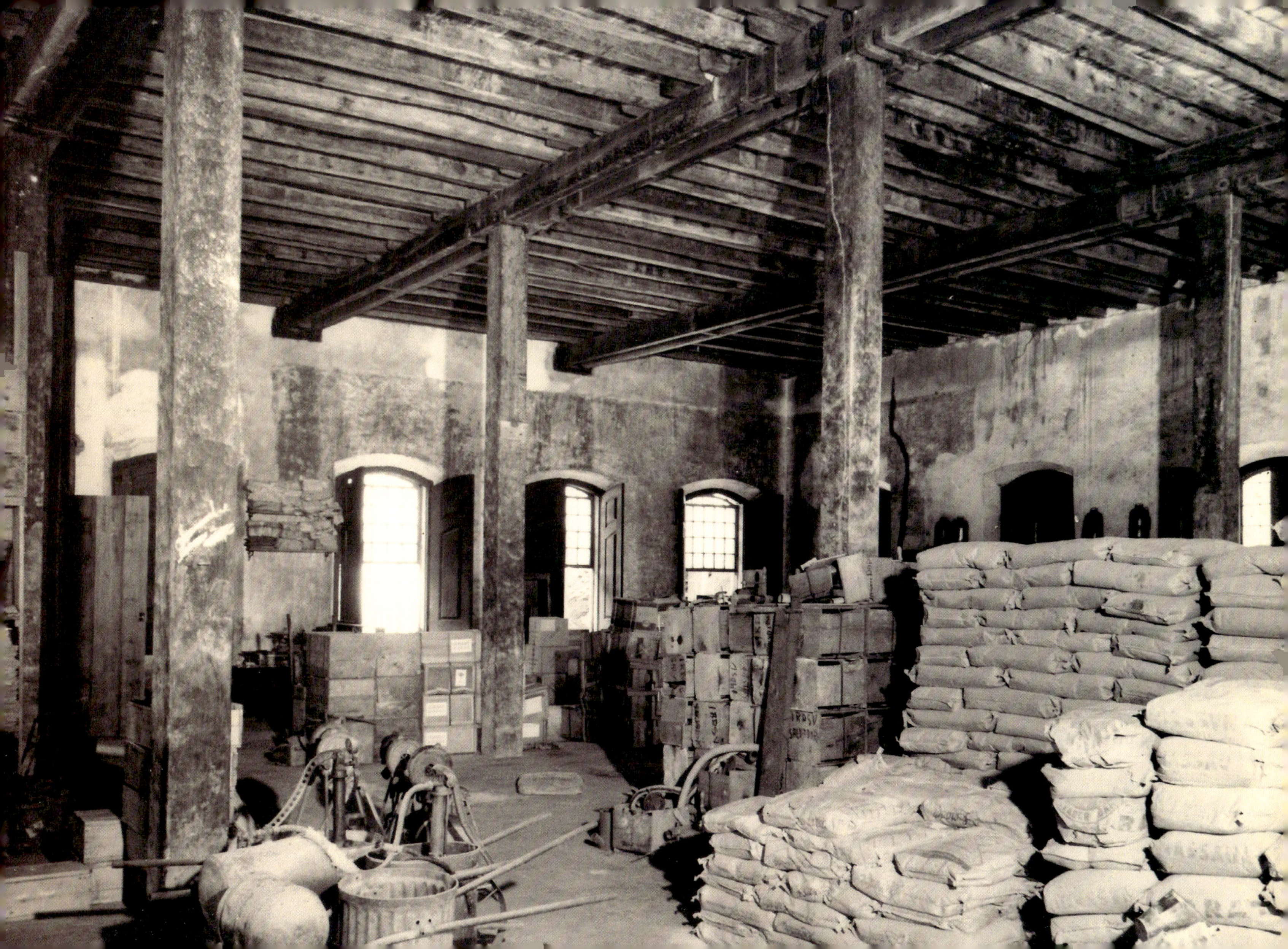

critérios propostos para a recuperação do solar do unhão
lina bo bardi

O Conjunto do Unhão constitui um dos poucos exemplos arquitetônico-históricos de um conjunto que não apresenta aquelas características dos monumentos antigos, que põem o arquiteto restaurador diante do angustioso problema da "escolha" de uma época e do "método" de restauração a ser adotado. O problema da "superposição" dos estilos, típico dos monumentos de determinada época que sofreram transformações no variar dos tempos, todas elas importantes do ponto de vista arquitetônico, mas que se excluem reciprocamente, não existe neste caso. O velho método romântico de "recomposição", inaugurado no século XIX por Viollet-le-Duc, foi superado depois e substituído pelo método de "restauração científica", cujo principal representante foi o professor Giovannoni, na Itália; são ambos não somente superados, mas inúteis, neste caso típico de moderna "restauração crítica". O método de Viollet-le-Duc presume a "escolha" de uma época entre as que a evolução do monumento representa, e, segundo as leis do estilo escolhido, procura "reconstituir" o monumento "assim como era", procurando um *transfert* entre o moderno arquiteto restaurador e o artista criador do trabalho, chegando a resultados completamente arbitrários e gratuitos na reconstituição.

A restauração "científica", reação violenta ao método romântico, põe à base de qualquer restau-

proposed criteria for the recovery of the manor house
lina bo bardi

The Solar do Unhão Complex is one of the few examples of architectural-historical structures that do not have the usual characteristics of ancient monuments. This means that the architect-restorer does not have the agonizing dilemma of having to "choose" which period and restoration "method" to adopt. In this case there is no problem of "overlapping" styles, typical of monuments from a particular period that have undergone transformations throughout history. From an architectural point of view, these transformations are all significant but mutually exclusive. The old romantic method of "re-composition" was introduced in the 19th century by Viollet-le-Duc and subsequently taken over and replaced by the "scientific restoration" method, whose main representative was Professor Giovannoni in Italy. However, in this typical case of modern "critical restoration", both methods are rendered obsolete. Viollet-le-Duc's method involves "choosing" a period among the many which represent the monument's evolution, and according to the rules of the chosen style, the architect aims to "reconstitute" the monument "as it used to be" seeking a *transfer* between the modern architect-restorer and the artist who created the work, resulting in a completely arbitrary and random reconstruction.

"Scientific" restoration, a violent reaction to the romantic method, is based on a rigorous philological method which refuses all forgeries and clearly

ração um vigoroso método filológico, recusando qualquer contrafação e denunciando claramente as partes "reconstruídas". Porém, esse método apresenta o grave defeito da "frieza", esvaziando o monumento de todo o conteúdo poético e reduzindo-o à pura peça de museu, útil somente aos especialistas. O moderno método de "restauração crítica", que somente depois da Segunda Guerra Mundial foi praticado, não exclui a pesquisa filológica como metodologia, assim como não exclui o estudo de uma provável reconstituição histórica, mas somente como fato de "método" e não como fim.

O critério da "restauração crítica" tem por base o respeito absoluto por tudo aquilo que o monumento ou o conjunto representam como "poética" dentro da interpretação moderna da continuidade histórica, procurando não embalsamar o monumento, mas integrá-lo ao máximo na vida moderna.

O Conjunto do Unhão é um caso de restauração crítica, não apresentando peculiar interesse como documento arquitetônico em si mesmo, mas sim no conjunto, possuidor como é de uma poética estritamente ligada à expressão mais direta da cidade de Salvador. Na definição "Conjunto", incluímos também os galpões construídos no século XIX, humildes em si mesmos, mas hoje estritamente ligados ao Solar, formando, com a massa dos telhados, um conjunto harmônico, marcante como paisagem na beira do mar. O Solar, com a esplêndida estrutura interna, belíssimo exemplo de carpintaria naval, com as janelas abrindo diretamente sobre o mar e a possante estrutura em arcos de descarga do subsolo, o ático com as colunas em madeira de lei,

denounces any "reconstructed" parts. However, this method has a very serious defect: it is "cold". It strips the monument of all its poetic content and reduces it to a simple museum piece, useful only to experts. The modern method of "critical restoration", which only gained prominence after the Second World War, excludes neither philological research as a methodology nor the study of a probable historical reconstruction, though the latter is accepted only as fact of the "method" and not as an end in itself.

The "critical restoration" criterion is based on absolute respect for everything that the monument or ensemble represents as "poetry" within the modern interpretation of historical continuity. It seeks not to "embalm" the monument, but to integrate it as much as possible into modern life.

The Unhão complex is an example of "critical restoration". It does not have any specific value as an architectural record in itself, but as a whole, it possesses a "poetry" which is strictly linked to what is most directly expressive in the city of Salvador. This "complex" also encompasses the warehouses built in the 19th century, humble in themselves, but today intrinsically bound to the Manor House, forming a harmonious structure with its mass of roofs, a striking part of the seafront landscape. The Manor House, with its splendid inner structure, is a beautiful example of naval carpentry with windows opening directly onto the sea, powerful structural arches at the basement, an attic with hardwood columns, a roofing structure in full view and a large copper guttering system. Today this ensemble no longer represents an example of colonial architecture, but has assumed a

a estrutura do telhado à vista e a solução do grande rufo de cobre, não oferece mais hoje um exemplo de arquitetura colonial, mas assumiu um caráter bem definido que poderíamos denominar "marinho", característico da Bahia.

A igreja, isolada à esquerda, constitui, na elegante restauração do tardo barroco, um monumento à parte, um volume "de lado", mas bem integrado à distribuição dos espaços ao ar livre que se abrem em duas praças, uma interna, fechada, e outra aberta, à beira-mar.

Sendo estas as características do Conjunto do Unhão, o critério a ser adotado no trabalho de restauração tem de ser o mais cauteloso e rigorosamente respeitoso pelo que existe, conservando o monumento como é, limitando-se o trabalho a uma substituição de materiais deteriorados, respeitando todas as características deles. As demolições serão limitadas àquelas poucas que confundem a "leitura" exata do organismo arquitetônico: os acréscimos laterais e do fundo da igreja, o deselegante pórtico da frente (que corta ao meio a "ordem única" das pilastras da fachada), o muro à esquerda da igreja (aumentado recentemente). Essas demolições darão maior *élan* à mesma, especialmente hoje, que, destruído o verde do encosto, o fundo da igreja será o muro construído a poucos metros pela avenida do Contorno.

A destinação do Conjunto, uma das mais felizes, por este sediar um museu e uma escola de artesanato, permite uma recuperação perfeita sem nenhuma modificação, a não ser o pequeno prolongamento do lado do mar (mesmos materiais usados no Conjunto).

well-defined character that we could called as "marine architecture", characteristic of Bahia.

To the left, a solitary monument, the church that was restored in an elegant late-Baroque style, a volume "apart", but well integrated with the outdoor spaces that open onto two squares, one internal and closed and the other open, overlooking the sea.

Considering the characteristics of the Unhão complex, the restoration criteria adopted must, as far as possible, show cautious and rigorous respect for what exists. It should conserve the monument as it is, limiting itself to replacing deteriorated materials whilst preserving all other features. Demolition must be restricted to those few features that distract us from arriving at an exact "interpretation" of the architectural whole. For example, lateral increments and the back of the church, the ungraceful front portico (which intersects the "regularity" of the pilasters in the façade) and the (recently extended) wall to the left of the church, whose demolition will provide this building with greater *élan*. This will be particularly important, considering that at the back of the church will stand only a few meters from the wall over which Contorno Avenue will be built once the hill covered in vegetation is destroyed.

Fortunately, the purpose of the Unhão Manor House will be to house a museum and a crafts school. It is therefore possible to achieve perfect restoration without modifications, except for the small extension on the side of the sea (employing the same materials as in the rest of the complex).

The drawings show the final layout of the warehouses. Nothing will be changed in the Manor House

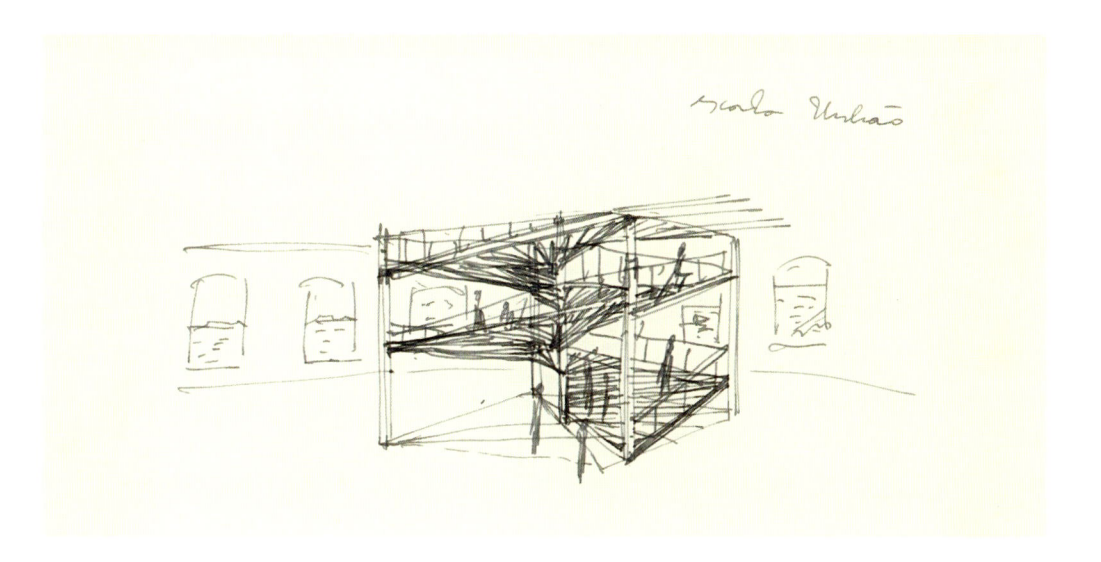

Os desenhos mostram a sistematização definitiva dos galpões. Nada será mudado no Solar ou na igreja. Os materiais a ser usados pela restauração serão, na medida do possível, da mesma tonalidade dos velhos (telhas, madeiramentos etc.). As cores das fachadas e dos caixilhos serão decididas posteriormente. Todo o trabalho será feito de acordo com o Patrimônio Nacional, conforme a entrevista que ocorrera dois meses atrás, entre Lina Bo Bardi e o chefe do 2º Distrito da Diretoria do Patrimônio Histórico e Artístico Nacional (Dphan), Godofredo Filho, que, convidado no Museu de Arte Moderna da Bahia (MAM-BA) para examinar os trabalhos de levantamento acabados, examinou os critérios de restauração que pretendíamos seguir e que aparecem neste relatório.

or the church. The materials used for the restoration will match, as much as possible, the same tonality as existing materials (tiles, woodwork, etc.). The colors for the façades and the window frames will be decided upon later. All works will be carried out in accordance with National Heritage approval, as agreed during the interview that took place two months ago between the architect, Lina Bo Bardi, and the head of the Second District of Dphan (National Historical and Artistic Heritage Department), Godofredo Filho, when he was invited to Bahia Museum of Modern Art (MAM-BA) to examine the survey works and was shown the restoration criteria that we intended to follow. All works appear in this report.

18

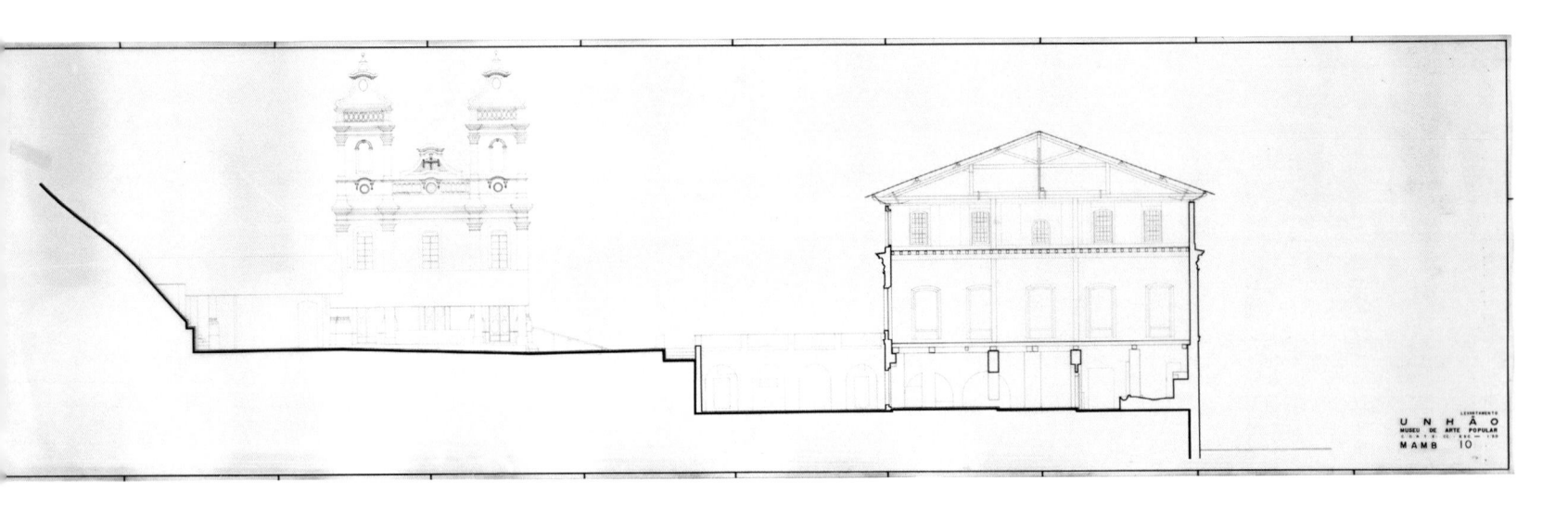

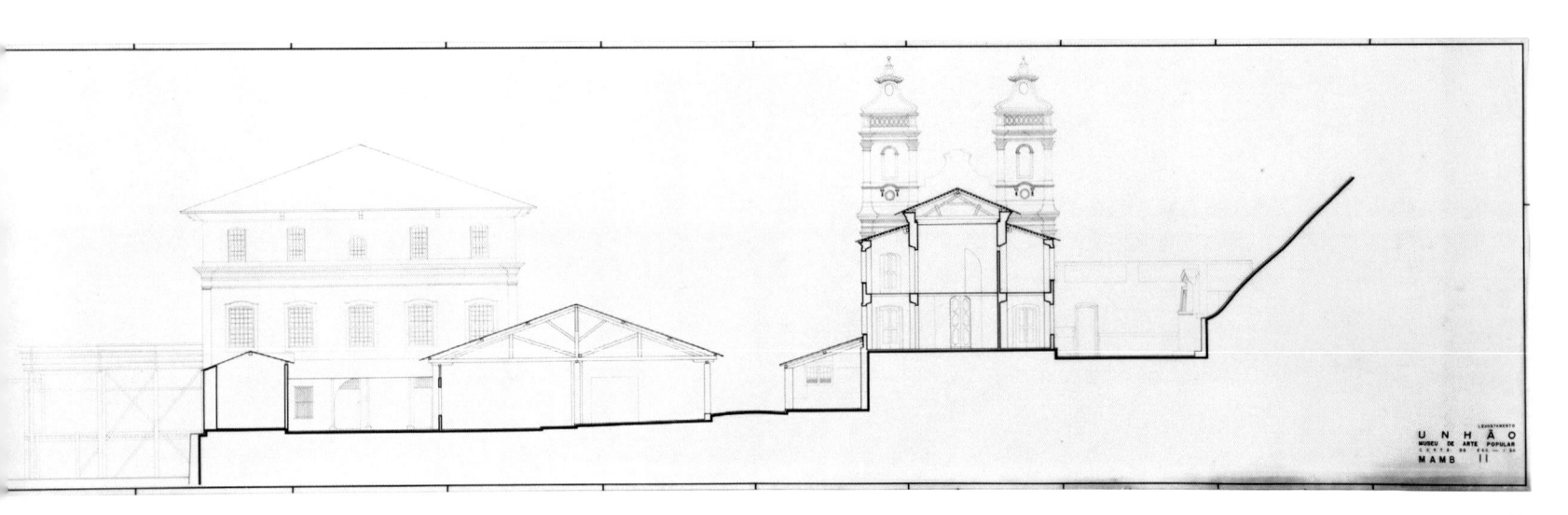

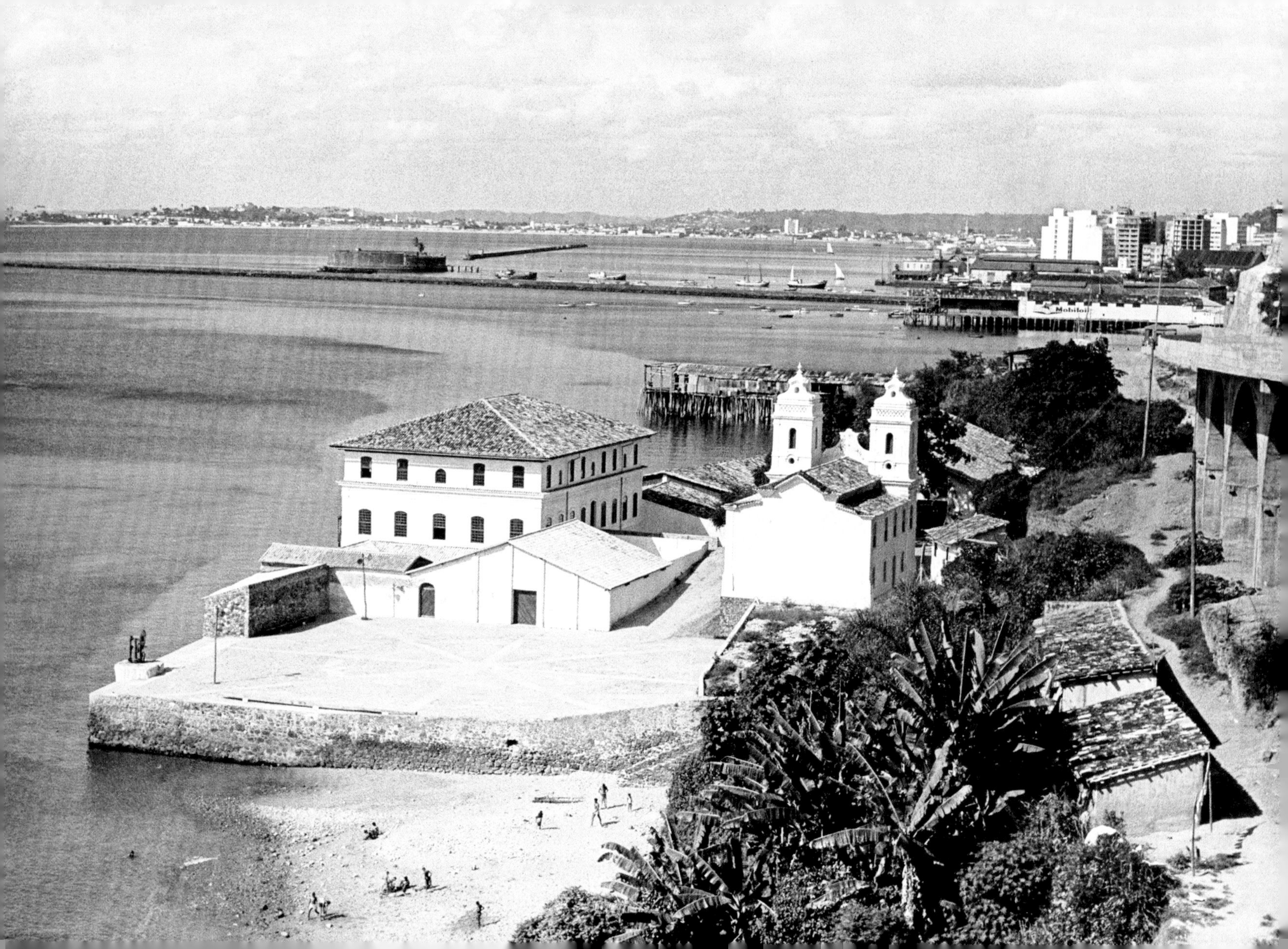
Mobiloil

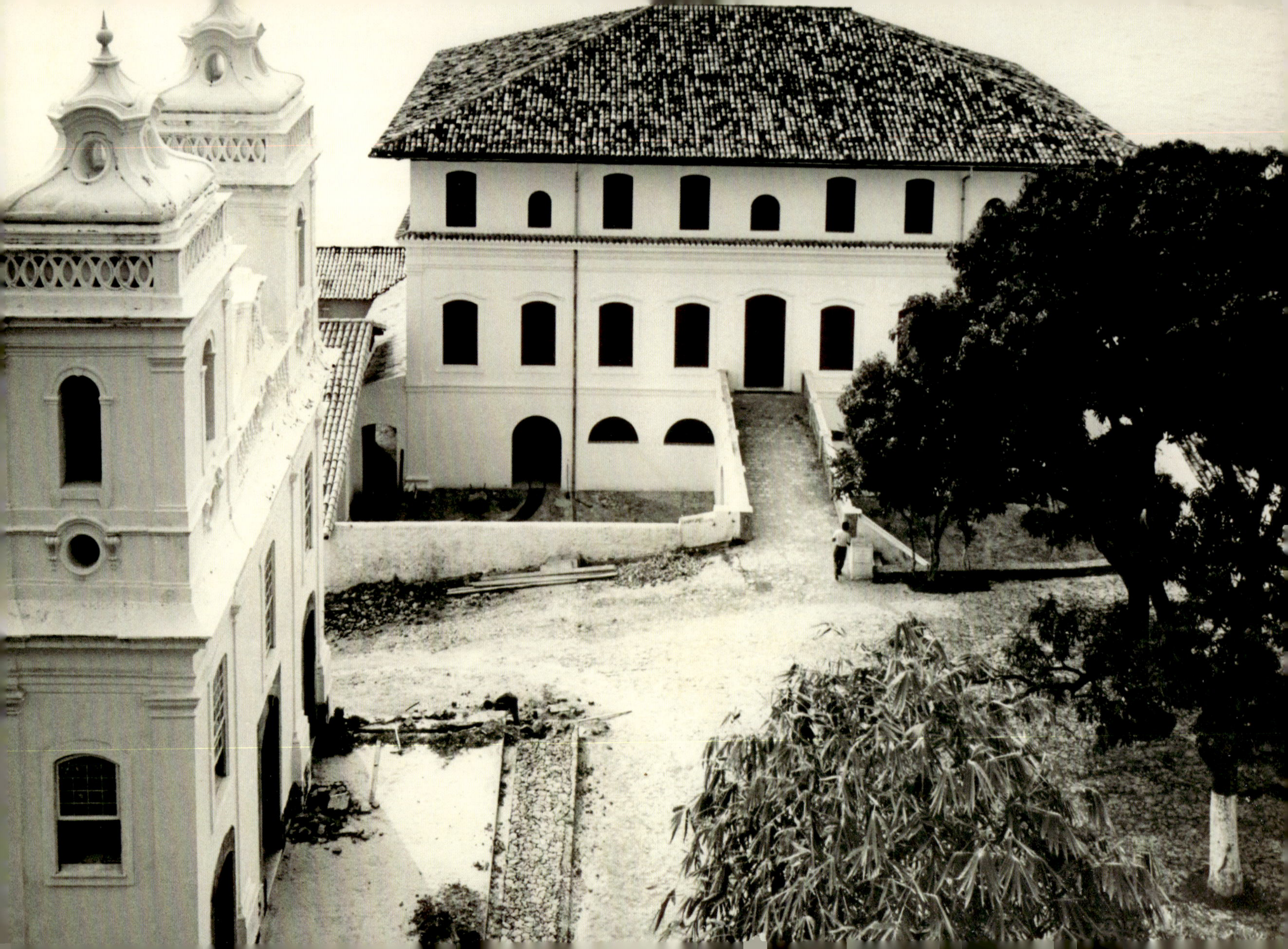

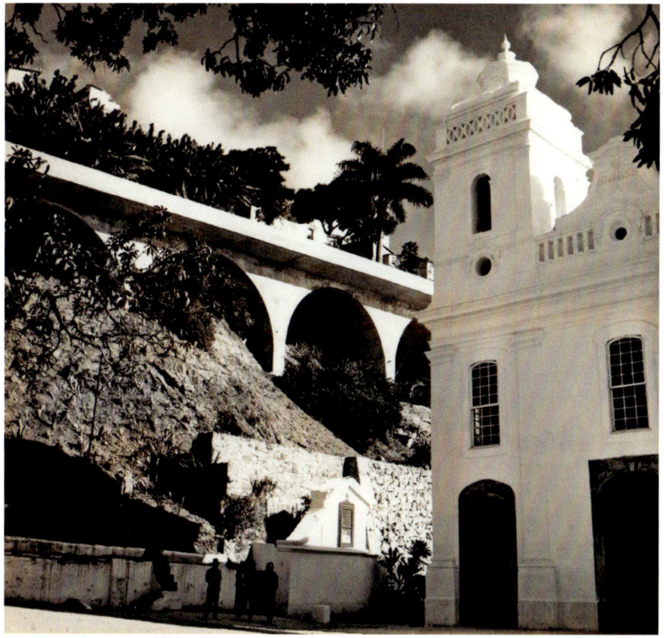

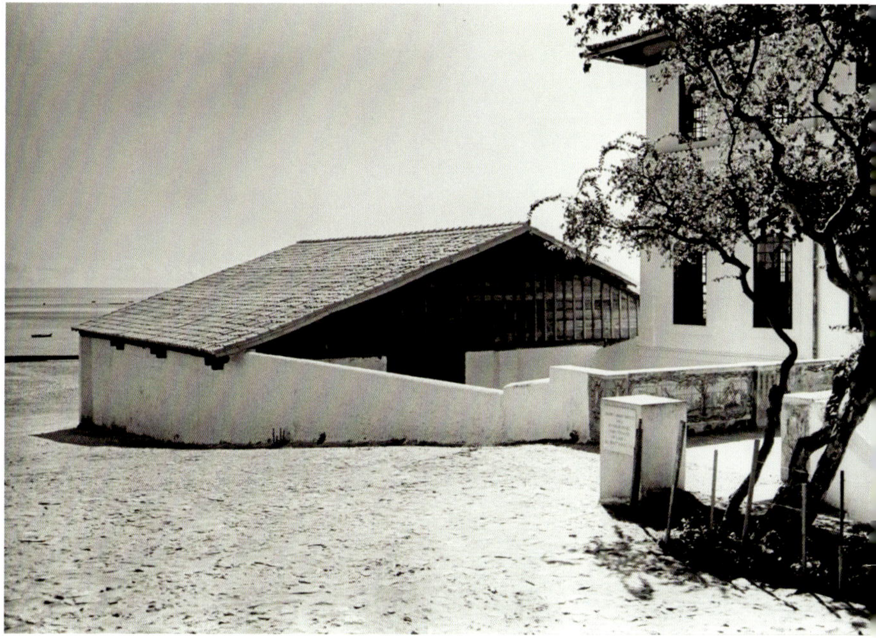

22

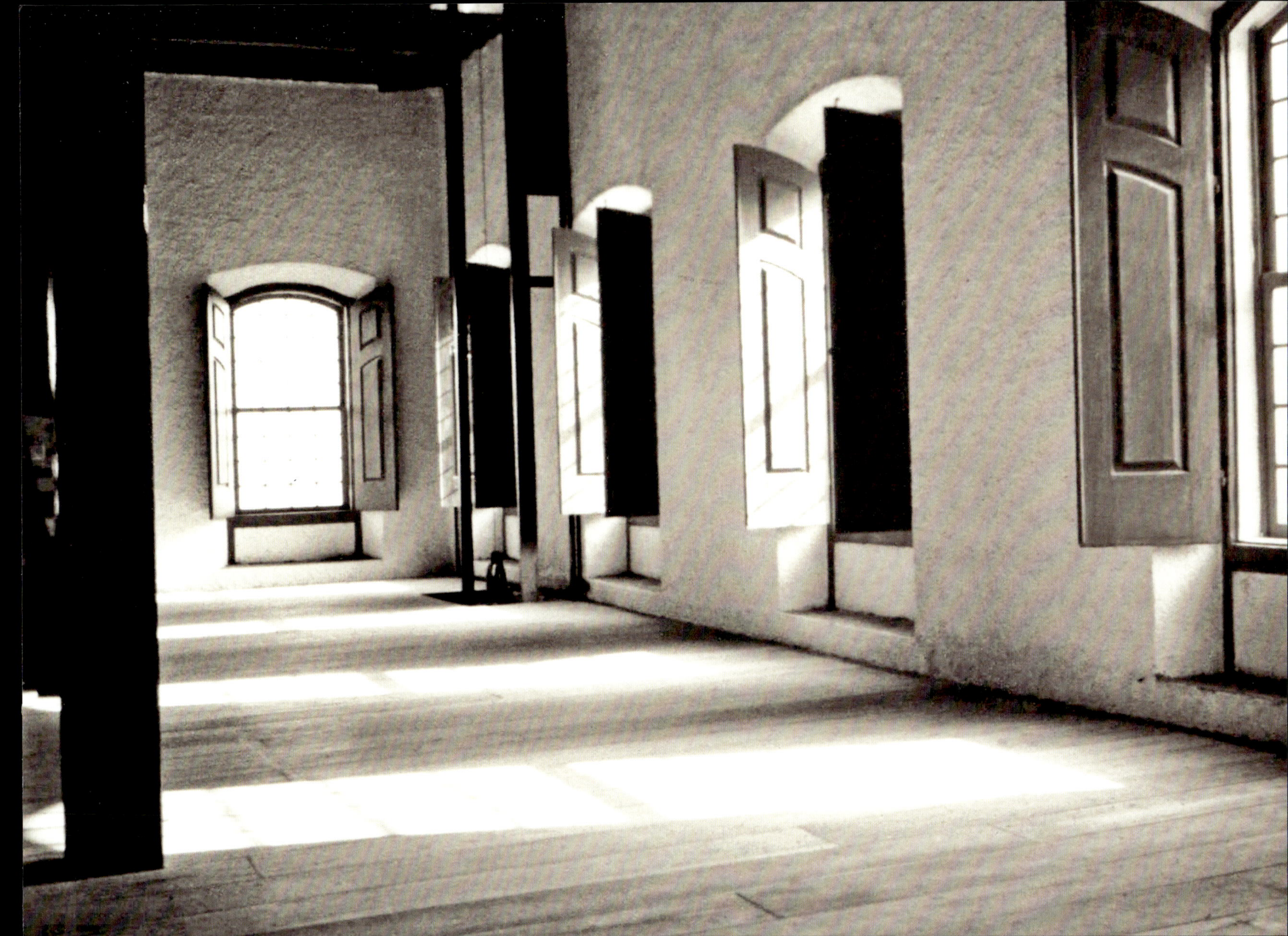

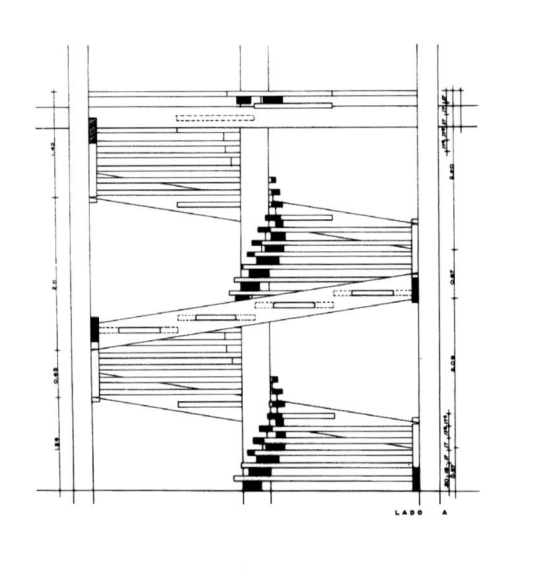

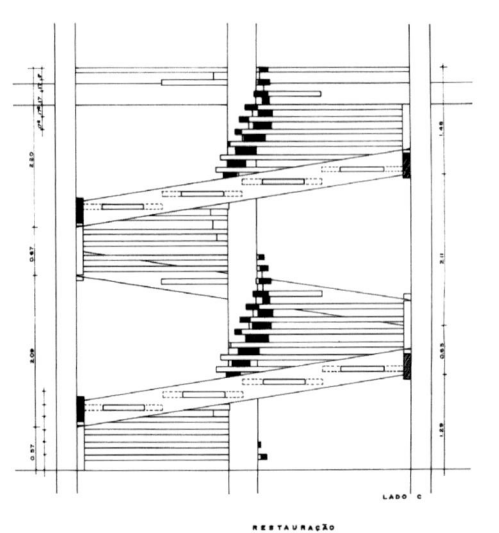

RESTAURAÇÃO
UNHÃO
MUSEU DE ARTE POPULAR
SOLAR - ESCADA NOBRE   ESC. 1:20
MAMB - 02

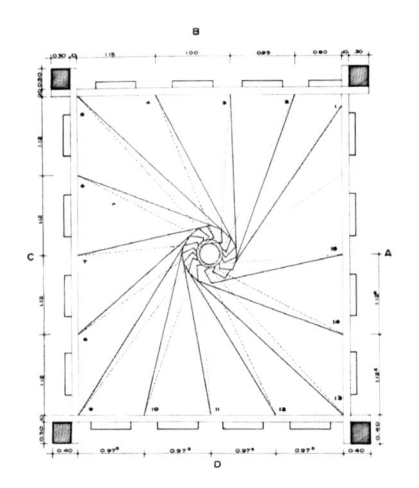

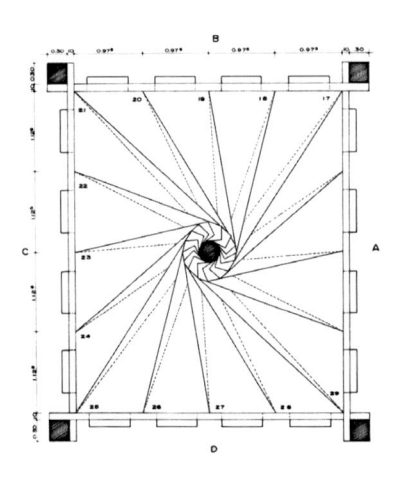

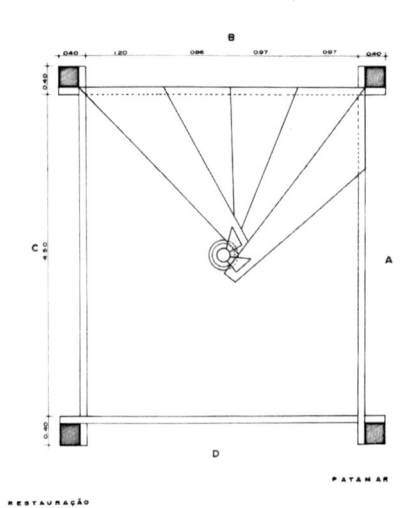

RESTAURAÇÃO
UNHÃO
MUSEU DE ARTE POPULAR
SOLAR - ESCADA NOBRE   ESC. 1:20
MAMB - 01

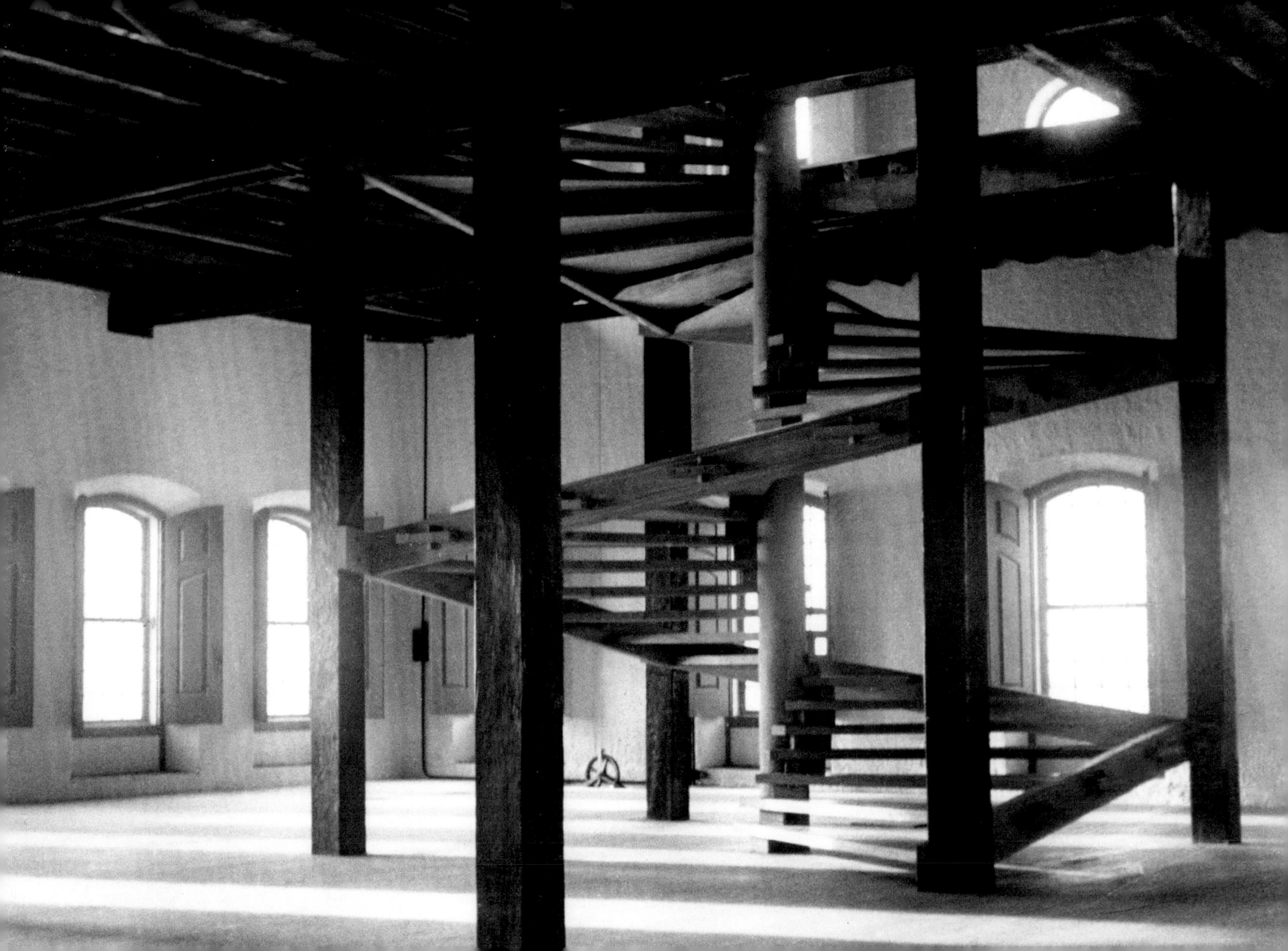

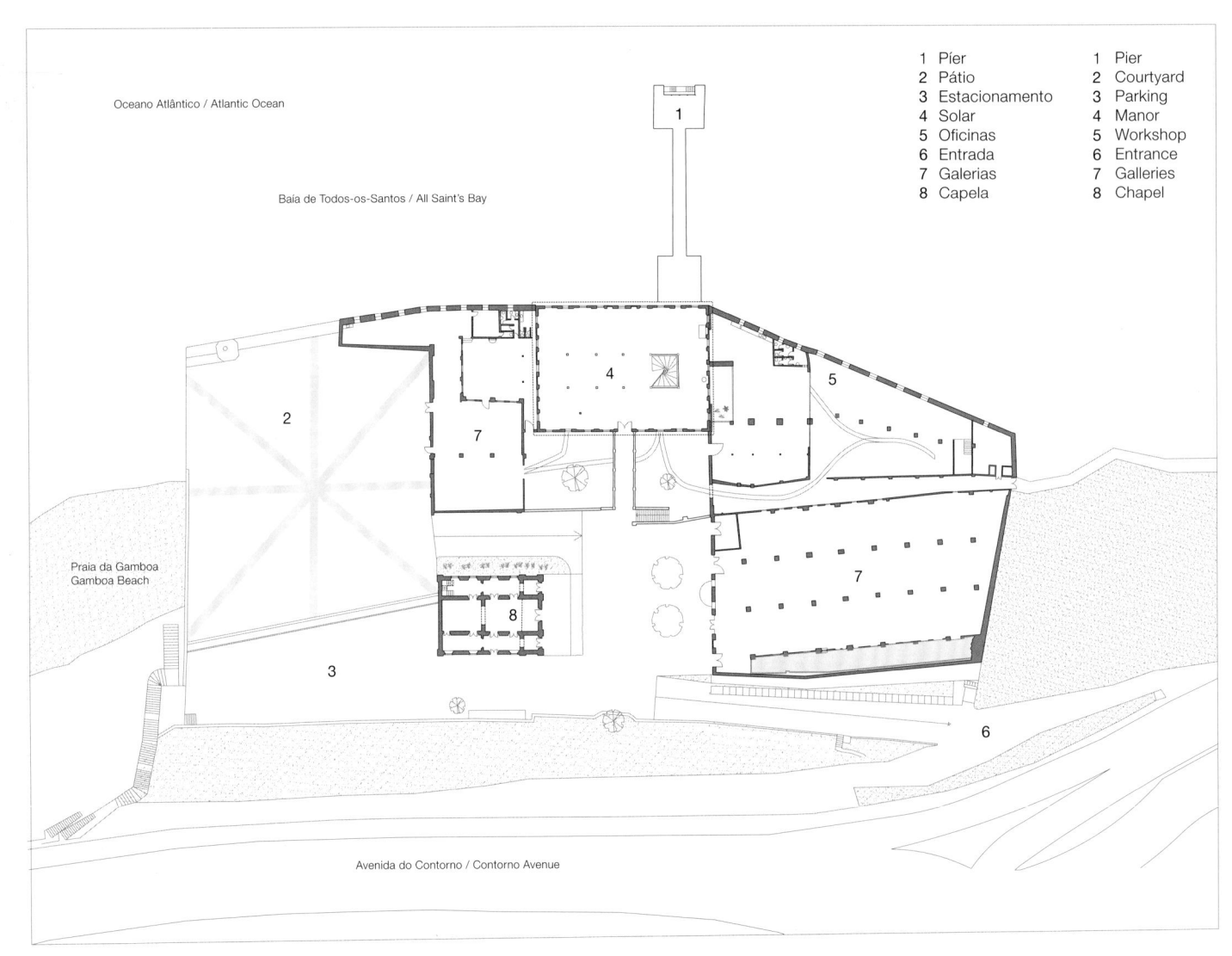

1 Píer	1 Pier
2 Pátio	2 Courtyard
3 Estacionamento	3 Parking
4 Solar	4 Manor
5 Oficinas	5 Workshop
6 Entrada	6 Entrance
7 Galerias	7 Galleries
8 Capela	8 Chapel

Oceano Atlântico / Atlantic Ocean

Baía de Todos-os-Santos / All Saint's Bay

Praia da Gamboa / Gamboa Beach

Avenida do Contorno / Contorno Avenue

Planta do conjunto
Situation plan

0 1m 5m 10m 20m

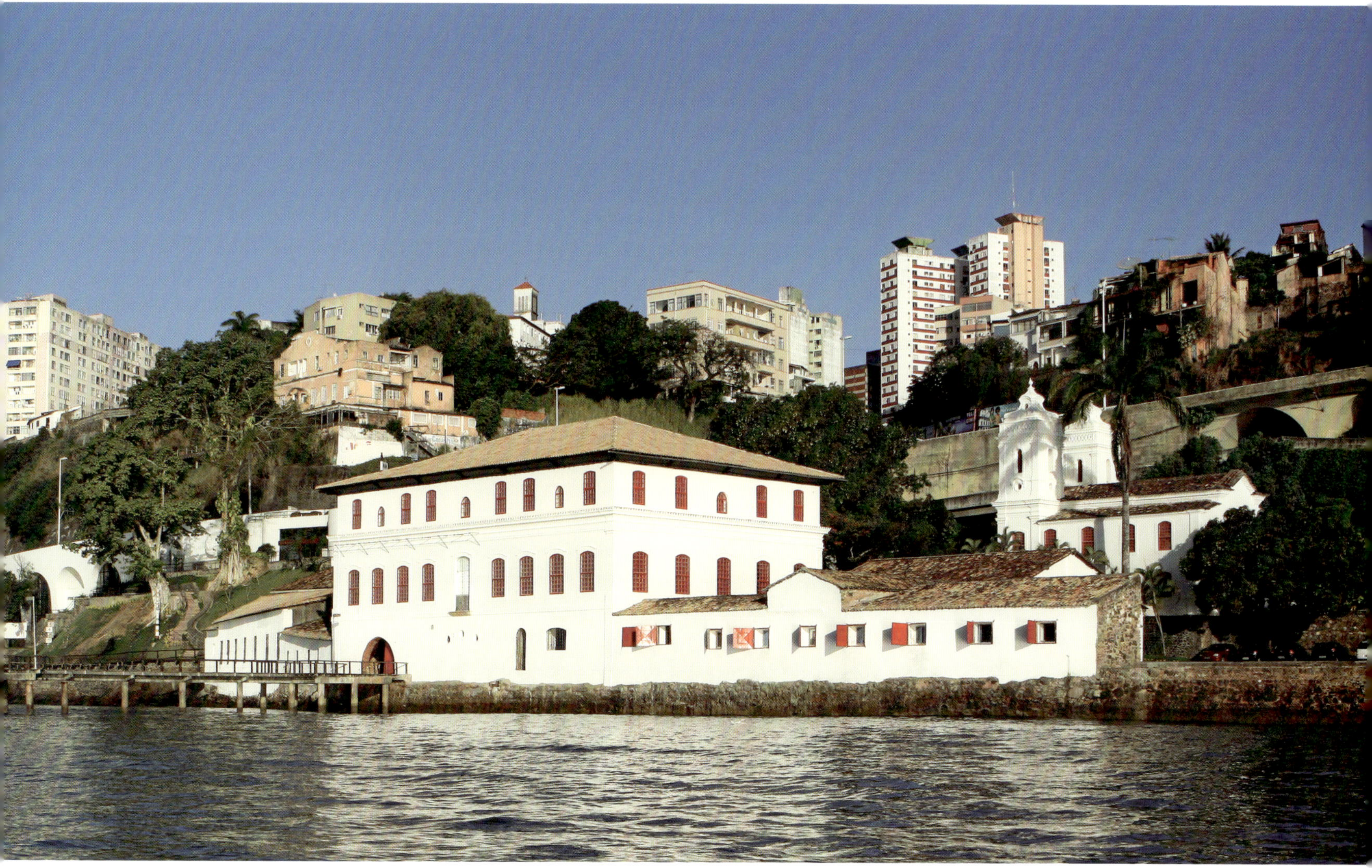

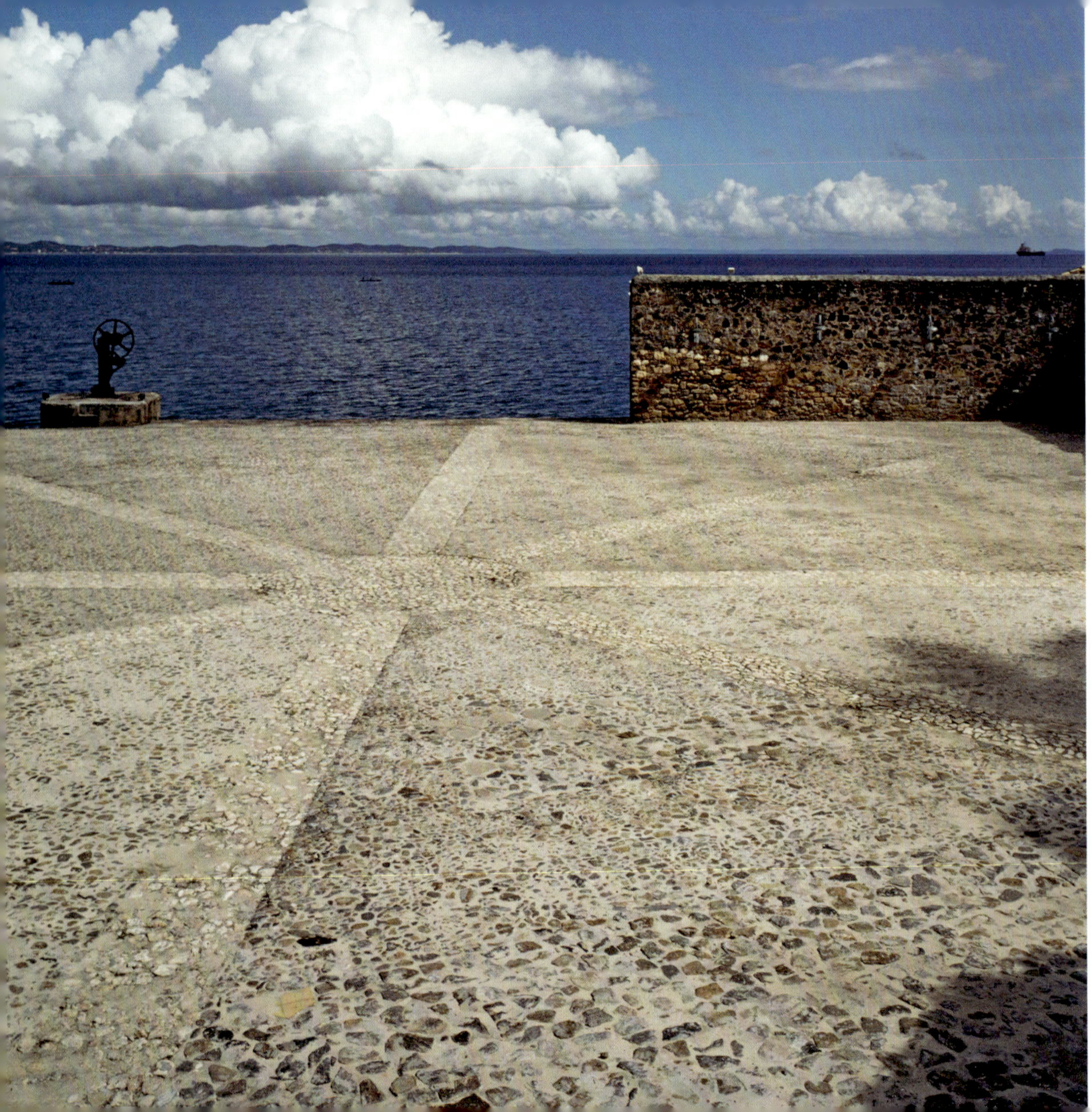

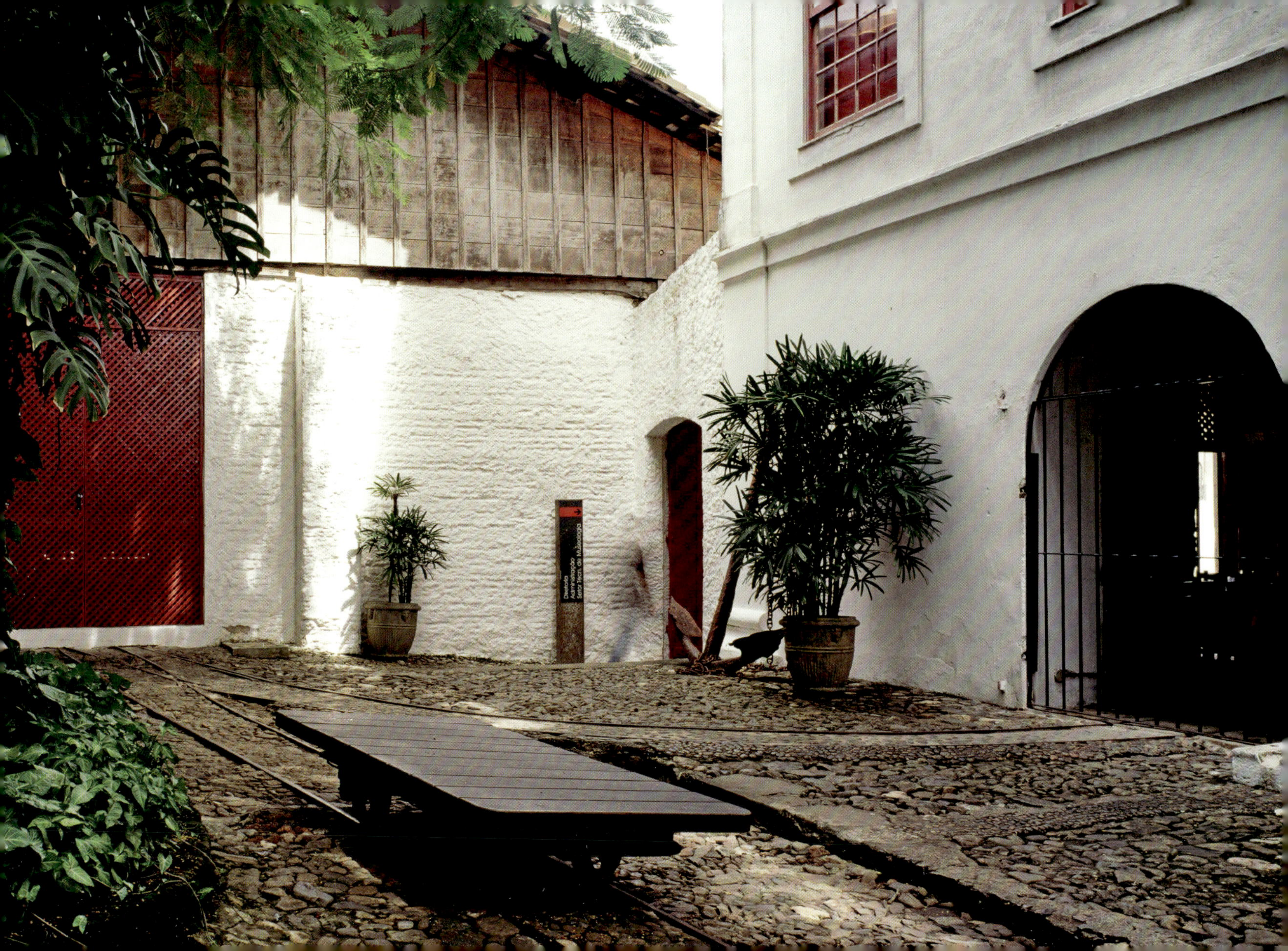
Diretoria
Administração
Setor Técn. de Museologia

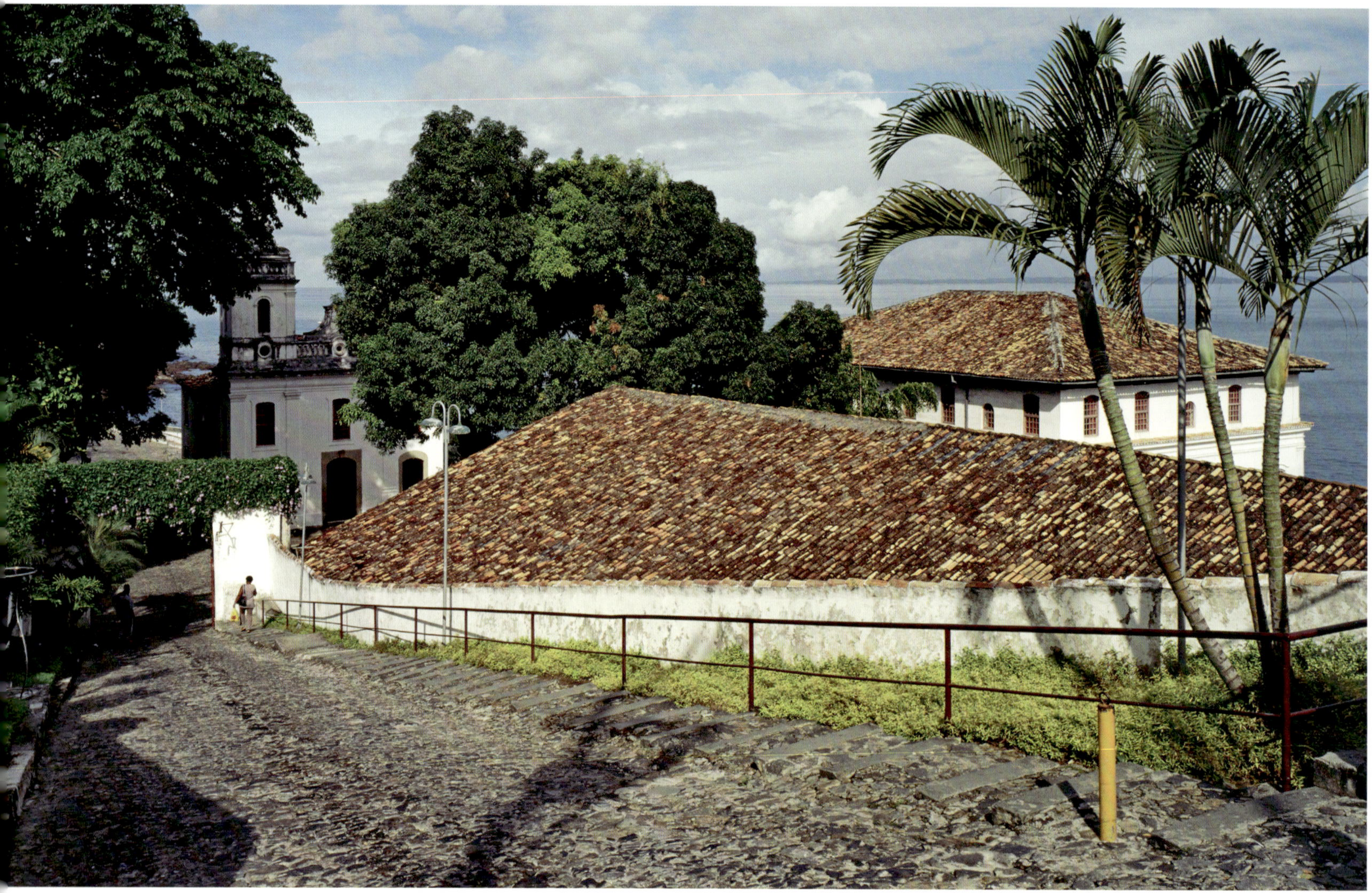

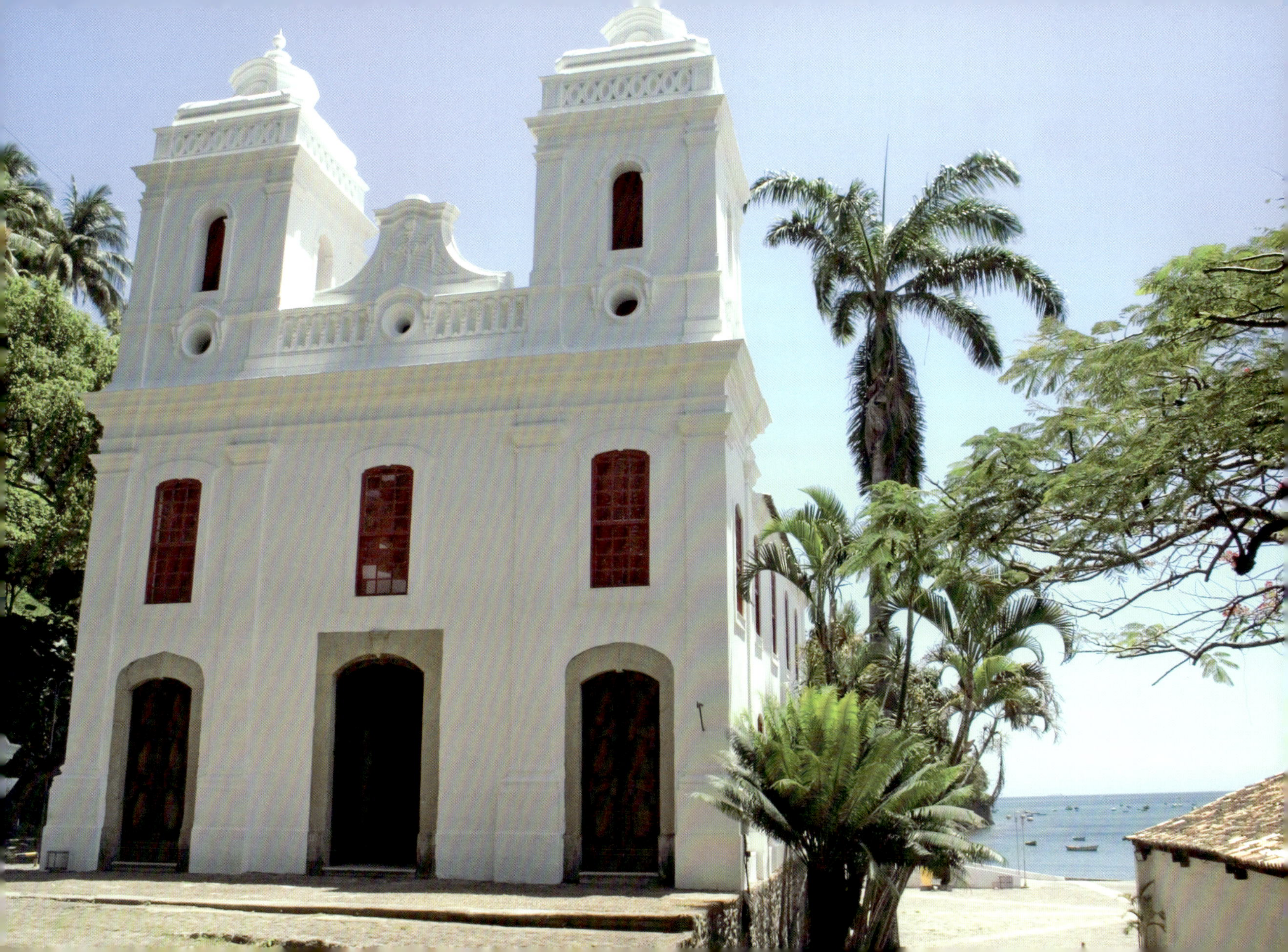

Fondare il Triangolo:

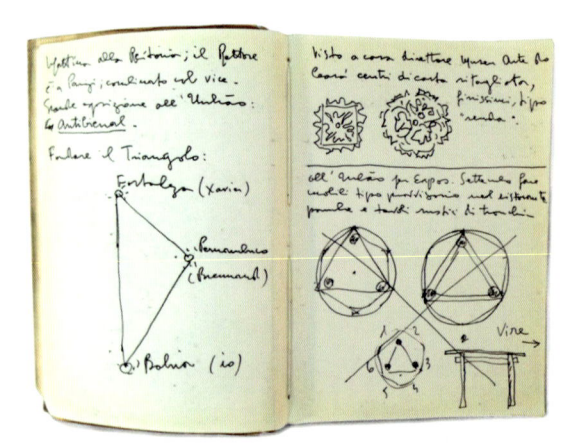

Fortaleza (Xavier)

Pernambuco
(Brennand)

Bahia (io)

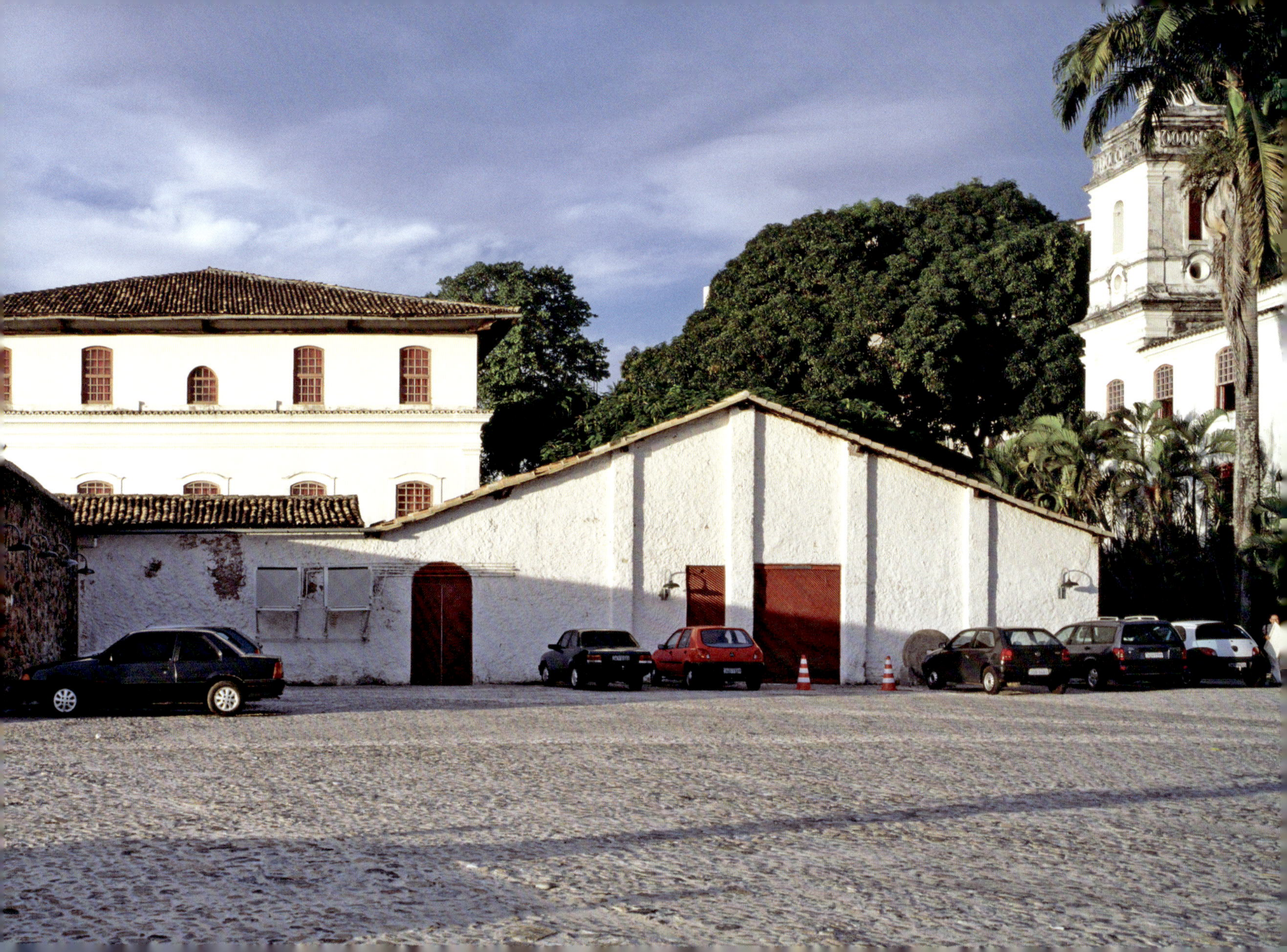

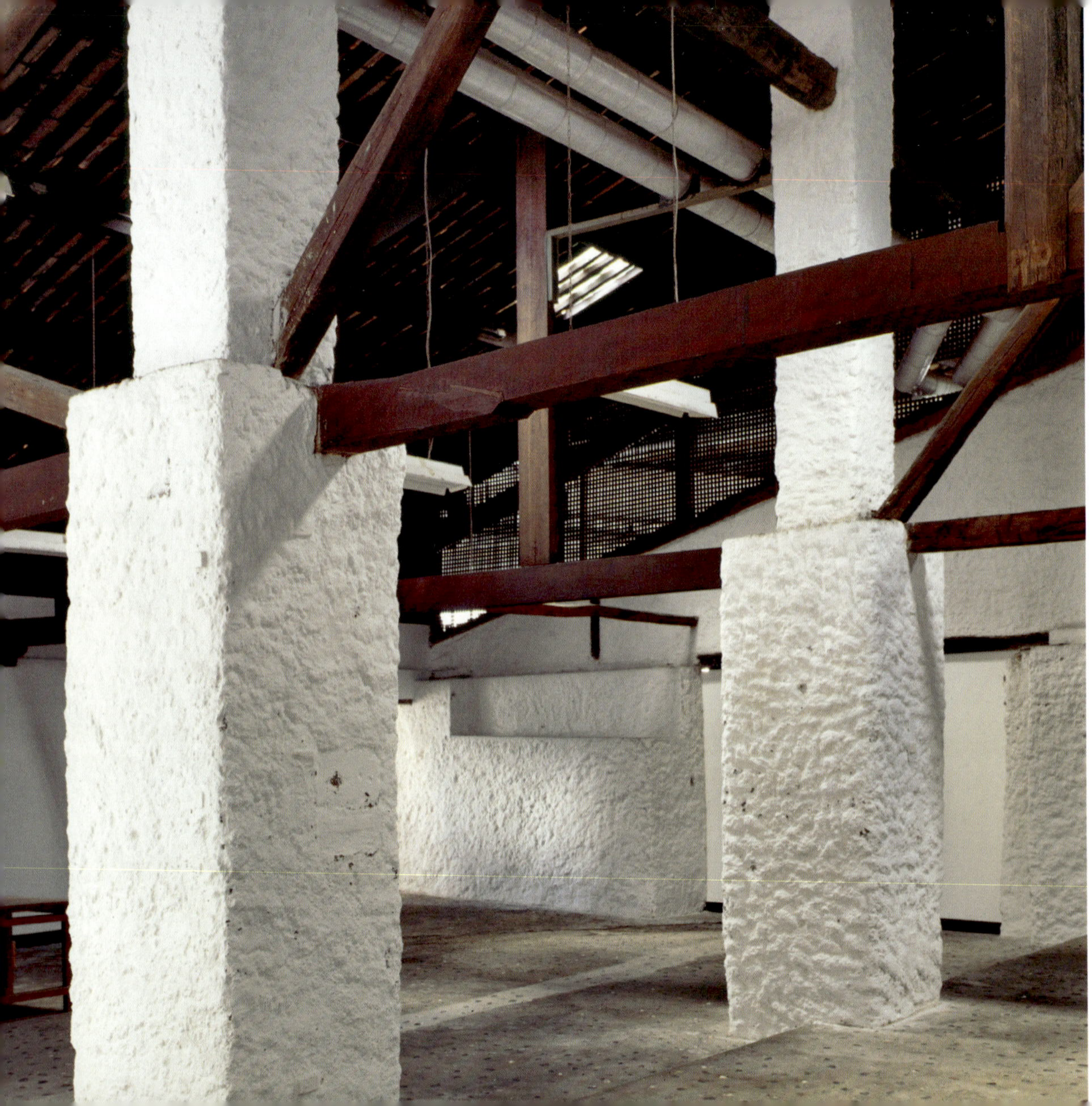

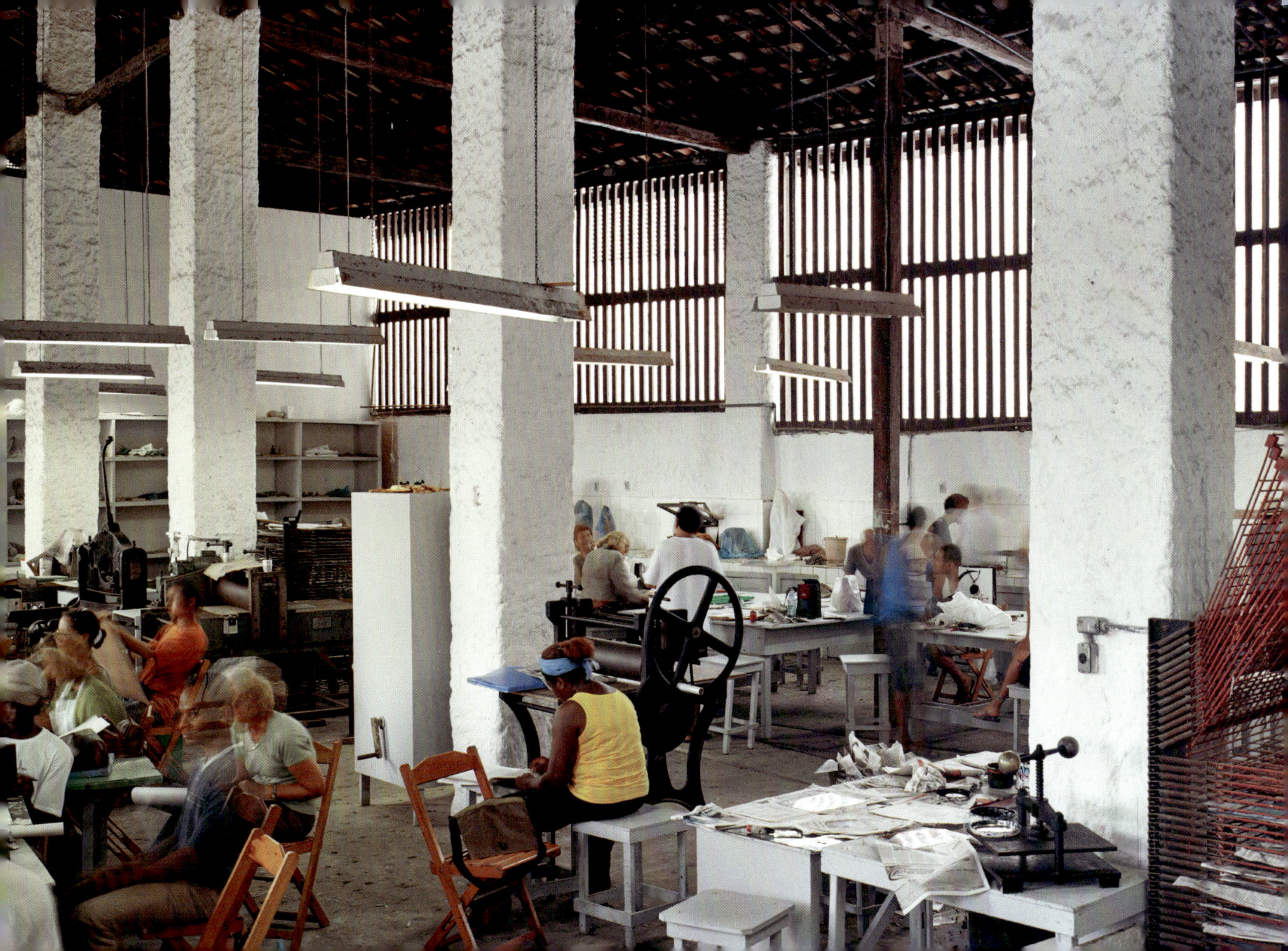

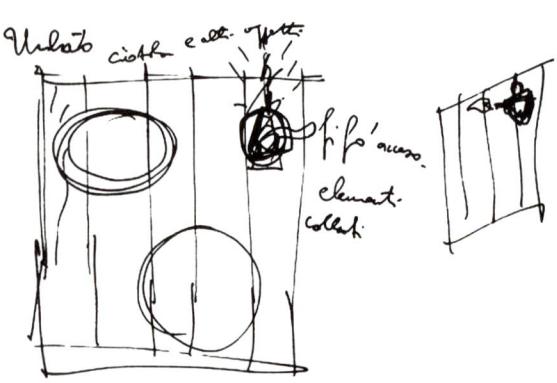

exposição nordeste
lina bo bardi

Essa exposição que inaugura o Museu de Arte Popular do Unhão deveria chamar-se *Civilização do Nordeste*. Civilização. Procurando tirar da palavra o sentido áulico-retórico que a acompanha. Civilização é o aspecto prático da cultura, é a vida dos homens em todos os instantes. Essa exposição procura apresentar uma civilização pensada em todos os detalhes, estudada tecnicamente (mesmo que a palavra "técnico" defina aqui um trabalho primitivo), desde a iluminação às colheres de cozinha, às colchas, às roupas, aos bules, brinquedos, móveis, armas.

É a procura desesperada e raivosamente positiva de homens que não querem ser "demitidos", que reclamam seu direito à vida. Uma luta de cada instante para não afundar no desespero, uma afirmação de beleza conseguida com o rigor que somente a presença constante de uma realidade pode dar.

Matéria-prima: o lixo. Lâmpadas queimadas, recortes de tecidos, latas de lubrificantes, caixas velhas e jornais. Cada objeto risca o limite do "nada" da miséria. Esse limite é a contínua e martelada presença do "útil" e "necessário" que constituem o valor dessa produção, sua poética das coisas humanas não gratuitas, não criadas pela mera fantasia. É nesse sentido de moderna realidade que apresentamos criticamente essa exposição. Como exemplo de simplificação direta de formas cheias de eletricidade vital. Formas de desenho artesanal e industrial. Insistimos na identidade objeto artesanal,

northeast exhibition
lina bo bardi

This exhibition which inaugurates the Museum of Popular Art of Unhão should be called *Northeast Civilization*. Civilization. Trying to rid this word of the court-rhetorical sense attached to it. Civilization is the practical aspect of culture; it is human life at every moment. This exhibition seeks to present a civilization conceived in every detail, technically studied (even if the word "technical" here defines a primitive work), from lighting to kitchen spoons, to quilts, clothes, teapots, toys, furniture, weapons.

It is the desperate and angrily positive search of men who do not want to be "fired", claiming their right to life. An every minute fight not to sink into despair, a statement of beauty achieved with the accuracy that only the constant presence of reality can give.

Raw material: trash. Burned lamps, fabric clippings, lubricants cans, old boxes and newspapers. Each object draws a limit to the poverty's "nothing". This limit is the continuous and stubborn presence of the "useful" and the "necessary" which constitute the value of this production, the poetics of ungratuitous human things, not created by sheer fantasy. It is in that sense of modern reality that we critically present this exhibition. As an example of direct simplification of forms plenty of vital electricity. Forms of artisanal and industrial design. We insist on the identity "craftwork/industrial pattern based on technical production" as one that is related to

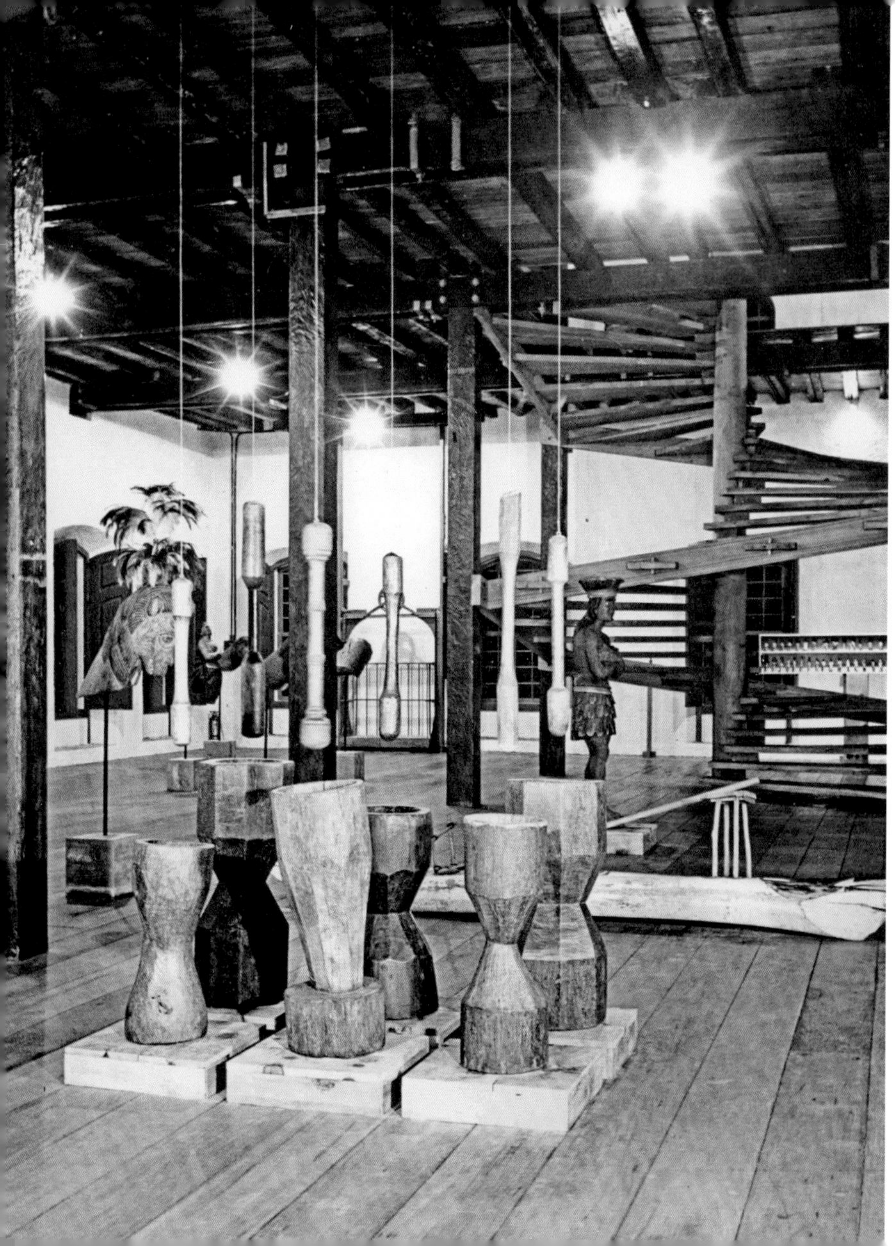
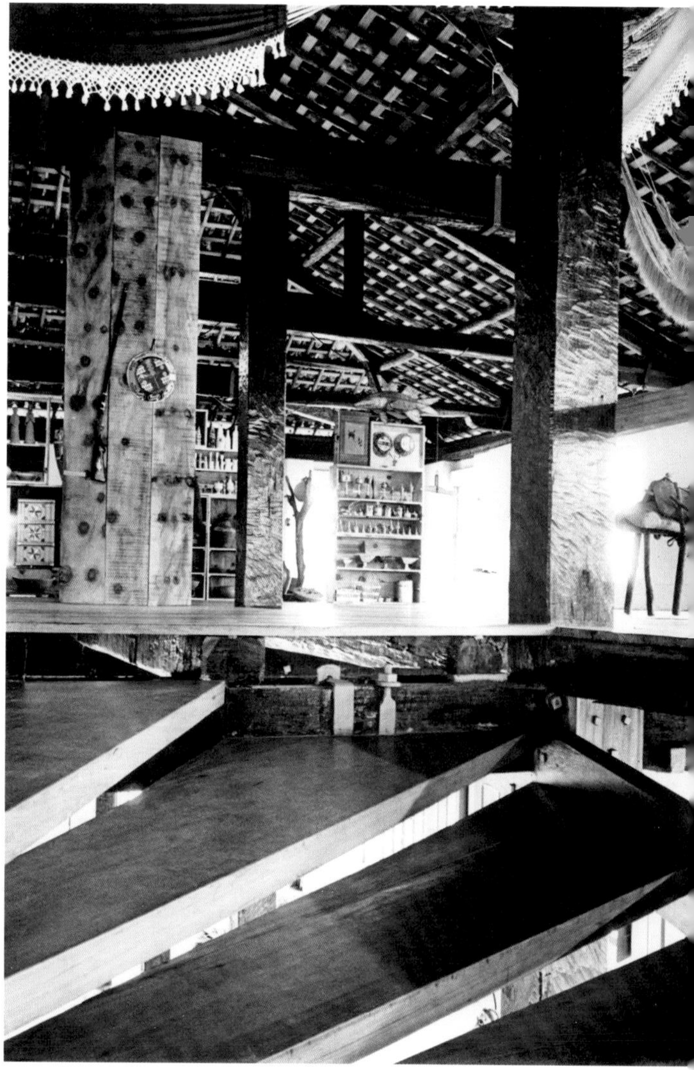

padrão industrial baseado na produção técnica ligada à realidade dos materiais e não à abstração formal folclórico-coreográfica. Chamamos este Museu de Arte Popular e não de Folclore por ser o folclore uma herança estática e regressiva, cujo aspecto é amparado paternalisticamente pelos responsáveis da cultura, ao passo que arte popular (usamos a palavra "arte" não somente no sentido artístico, mas também no de fazer tecnicamente) define a atitude progressiva da cultura popular ligada a problemas reais.

Essa exposição quer ser um convite para os jovens considerarem o problema da simplificação (não da indigência) no mundo de hoje, caminho necessário para encontrar dentro do humanismo técnico uma poética.

Essa exposição é uma acusação.

Acusação de um mundo que não quer renunciar à condição humana apesar do esquecimento e da indiferença. É uma acusação não humilde, que contrapõe às degradadoras condições impostas pelos homens um esforço desesperado de cultura.

the reality of materials, not to a folk-choreographic formal abstraction. We call it Museum of Popular Art instead Museum of Folklore because folklore is a static and regressive heritage, which aspect is paternalistically supported by those responsible for culture, while folk art (we use the word "art" not only in the artistic sense, but also meaning "the technical making") defines the progressive attitude of popular culture toward real problems.

This exhibition intends to be an invitation for young people to consider the problem of simplification (not of indigence) in the world today – a step required to find a poetics within the technical humanism.

This exhibition is an accusation.

Accusation of a world that does not want to give up the human condition, despite the forgetfulness and indifference. It is a non-humble accusation, which opposes to the degrading conditions imposed by men a desperate effort to culture.

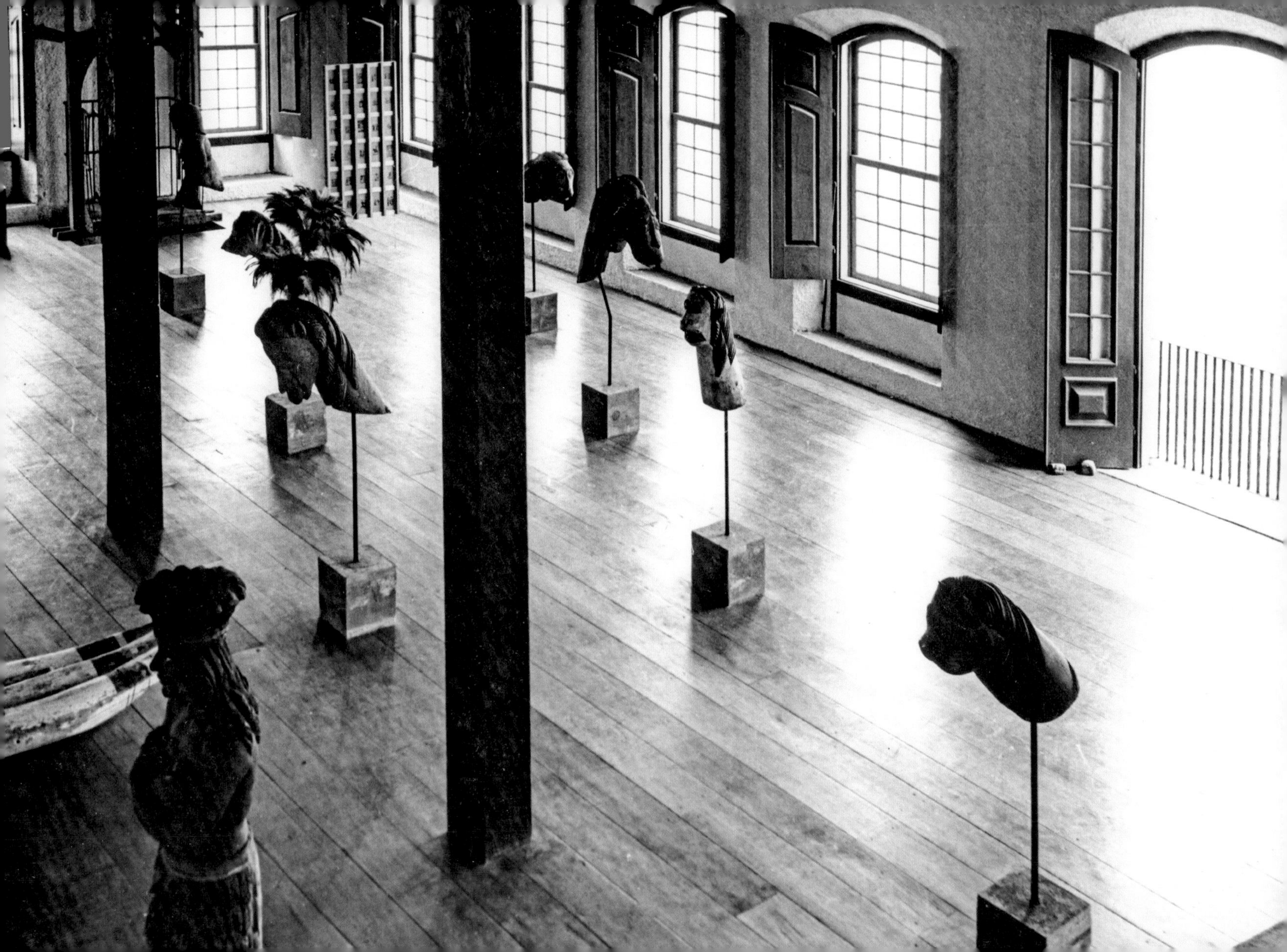

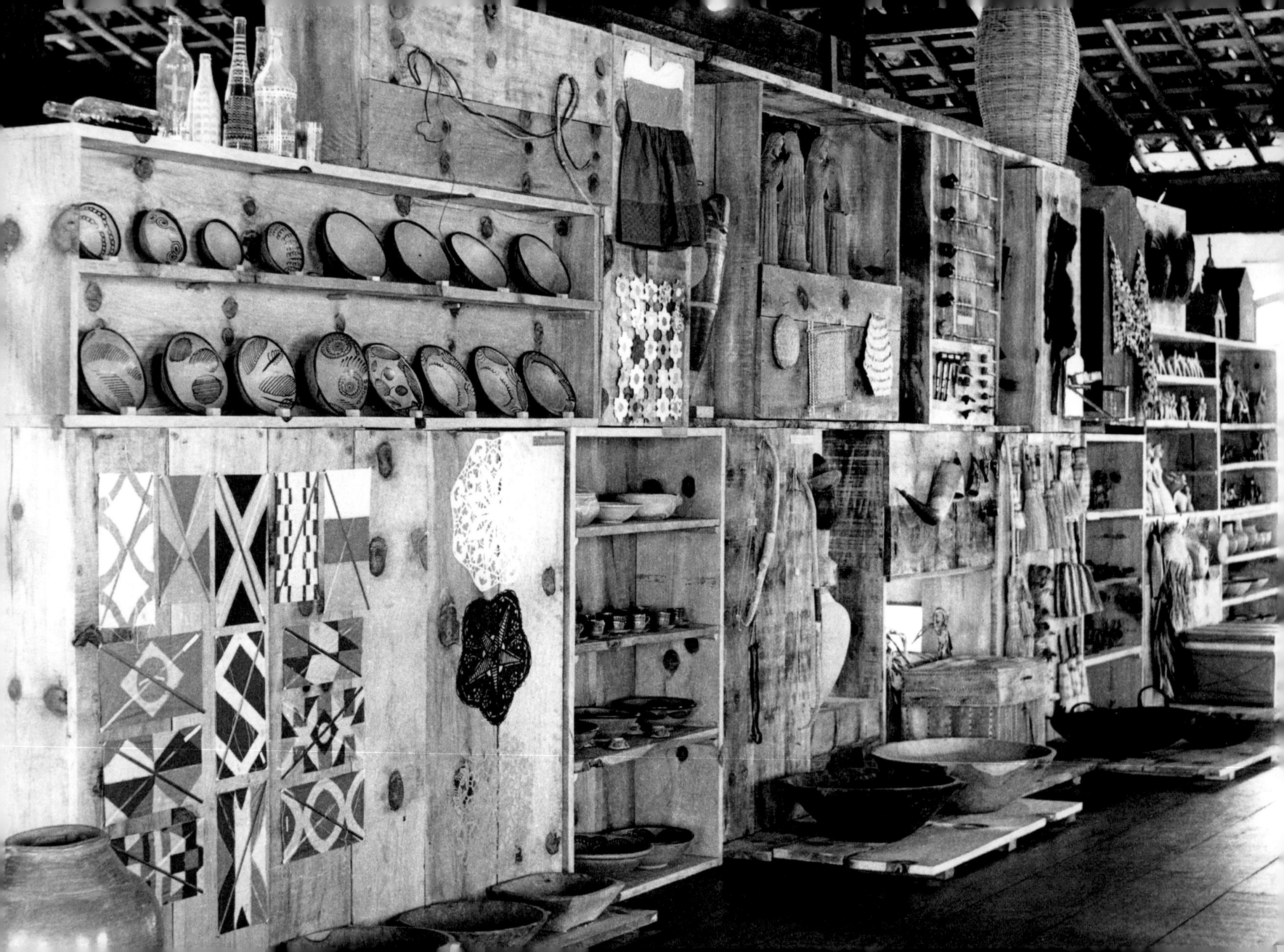

41

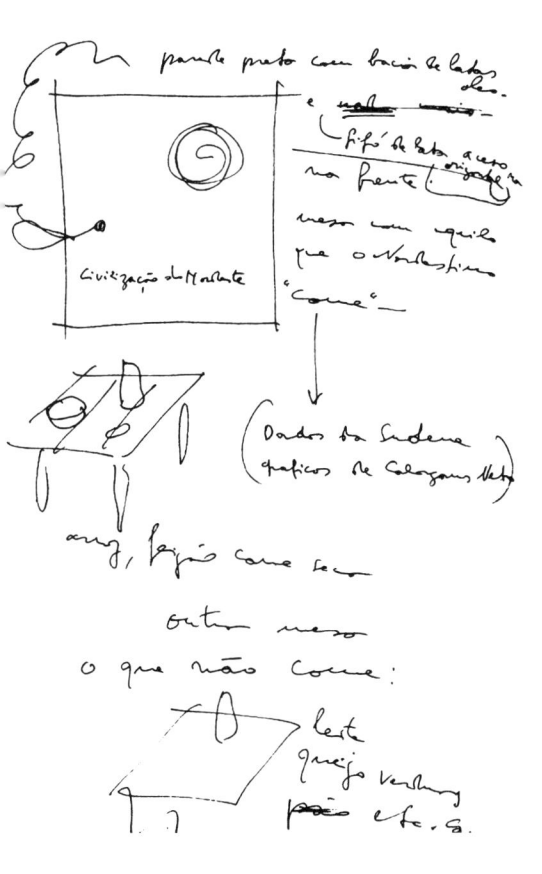

cinco anos entre os brancos
lina bo bardi

O agravamento das tensões estruturais do país, que culminou nos acontecimentos de abril de 1964, refletiu-se também nas atividades culturais. O sistema "democrático", necessitando de reformas de base para conservar sua elasticidade, constituiu-se num desafio à classe dirigente. A subsequente grave crise marcou uma *stasi*, uma verdadeira estagnação cultural que, com a progressiva desmoralização das universidades e a ingerência de elementos alheios na cultura nacional, ameaça gravemente as possibilidades de saída do estado de colonialismo cultural.

O esforço de libertação que antecedeu o movimento de abril de 1964 demonstrou claramente a autonomia do país na procura de uma saída do subdesenvolvimento cultural, e o desmantelamento daqueles esforços assume hoje proporções de verdadeira calamidade.

No quadro cultural que antecedeu os acontecimentos, marcado principalmente pelo antibacharelismo da Universidade de Brasília, pela ação de dignificação da função pública e da posição técnica desenvolvida pela Sudene, situam-se o Museu de Arte Moderna e o Museu de Arte Popular da Bahia.

O fenômeno Museu de Arte Moderna é típico de um país novo onde a palavra "museu" tem outra significação além de somente conservar. Os países de velha cultura só criam museus com base em importantes acervos; não existem museus de acervo reduzido ou sem acervo. O Museu de Arte Moderna da Bahia (MAM-BA) não foi "museu" no

five years among the whites
lina bo bardi

The worsening of structural tensions in the country which culminated in the events of April 1964 also reflected up in cultural activities. In need of basic reforms to preserve its elasticity, the "democratic" system became a challenge to the ruling class. A severe crisis took place then, marking a *stasi*, a true cultural stagnation which, with the increasing demoralization of the universities and the interference of foreign elements in the national culture, seriously threaten any possibility of leaving such a state of cultural colonialism.

The efforts of liberation prior to the April 1964 movement clearly demonstrated the country's autonomy in searching a way out of cultural underdevelopment, and the dismantling of those efforts is assuming proportions of a real disaster.

In the cultural framework that preceded those events, marked mainly by an anti-academic attitude in the University of Brasilia, by a dignification of the civil service and the technical approach developed by Sudene (The Superintendency for the Development of the Northeast), we find the Museum of Modern Art and the Museum of Popular Art in Bahia.

The Museum of Modern Art phenomenon is typical of a new country where the word "museum" has another meaning besides that of simply preserving. The countries under the old culture only create museums based on major collections – there are no museums for small collections or without any collections. The Bahia Museum of Modern Art was not

sentido tradicional: dada a miséria do estado, ele pouco podia "conservar". Suas atividades foram dirigidas à criação de um movimento cultural que, assumindo os valores de uma cultura historicamente (em sentido áulico) pobre, pudesse lucidamente superar as fases "culturalista" e "historicista" do Ocidente. Apoiando-se numa experiência popular (rigorosamente distinta do folclore), o museu entra no mundo da verdadeira cultura moderna, com os instrumentos da técnica, do método e da força de um novo humanista. Não foi um programa ambicioso; era apenas um caminho. Aproveitando o "equívoco" vigente no país (somente depois de abril de 1964 as máscaras cairiam e as respectivas posições seriam definitivamente tomadas), foi possível a criação de um museu relativamente livre em suas atividades culturais. O fato de ser fundação estatal deu-lhe aquela "validez" que somente as atividades públicas permitem, distintas (mesmo quando "público" não significa "coletivo") da iniciativa privada, cujos interesses (disfarçados) são sempre de lucro ou publicidade.

O MAM-BA, fundado em janeiro de 1960, teve que enfrentar, desde o começo, a hostilidade de uma classe cultural constituída em moldes provincianos, a celebridade nacional de artistas reunidos em grupos folclóricos (dado o caráter turístico da cidade) e a imprensa local. Três fatores permitiam pensar em um possível desenvolvimento da Bahia como centro nacional de cultura: a existência de uma universidade em expansão (cujo reitor, embora não progressista, poderia ter sido aproveitado ao máximo se o corpo estudantil não tivesse tomado

a "museum" in the traditional sense: being poor as it was, the state could not "preserve" much. Its activities were aimed at creating a cultural movement that, by taking the values of a culture historically (in a stately sense) poor, could lucidly overcome the "culturalistic" and "historicistic" stages of the West. Relying on a popular experience (as strictly distinct from the folklore), the museum enters the world of the true modern culture with the instruments of the technique, the method and the strength of a new humanist. It was not an ambitious program. It was no more than a way. The "misunderstanding" prevailing in the country (only after April 1964 masks would fall and positions would be definitely taken) made for creating a museum relatively free to perform its cultural activities. The fact that it was a state foundation gave it that "validity" only made possible by public activities, as distinguished – even when "public" does not mean "collective" – from the private sector, whose (disguised) interests are always for profits or publicity.

The Bahia Museum of Modern Art, founded in January 1960, had to face since its beginnings the hostility of a cultural class cast into a parochial mould; the national celebrity of artists gathered in folk groups (given the touristic character of the city); and the local press. Three factors allowed to think of Bahia as a potential national center for culture: the existence of an expanding university (whose dean, despite his non-progressivism, could have been turned to advantage had not the student body taken intransigent positions actually quite in opposition to the political and university interests); a student

CALIGULA

Peça em Quatro Atos de
ALBERT CAMUS

Direção	MARTIM GONÇALVES
Arquitetura cênica e trajes	LINA BARDI
Joias e objetos de metal	MARIO CRAVO

Calígula	SÉRGIO CARDOSO
Cesônia	NILDA SPENCER
Keréa	PAULO CÉLIO
Hélicon	GERALDO DEL REY
Scipião	ÉRICO FREITAS
Senecto	JOÃO GAMA
Metelo	EDUARDO WADDINGTON
Lépido	TITO GUIMARÃES
Octávio	RAIMUNDO PINTO
Meréa	MARTIM GONÇALVES
Múcio	LEONEL NUNES
Patrício	ANATOLIO OLIVEIRA
Patrício	FLAVIO ROCHA
Patrício	EDUARDO GUENNES
A mulher de Múcio	HELENA IGNEZ ROCHA
Primeiro poeta	ALVARO GUIMARÃES
Segundo poeta	RAIMUNDO FIGUEIREDO
Terceiro poeta	EDUARDO CABÚS
Quarto poeta	LUIS ALBERTO CALMON
Quinto poeta	JOÃO GAMA
Sexto poeta	JOÃO DESORDI
Sétimo poeta	ANATOLIO OLIVEIRA
Servos	ANTONIO LUIS SAMPAIO e LUIS CARLOS LABORDA
Guardas	RONALDO BONFIM e GILDO SANTOS

NO PALCO DO MUSEU DE ARTE MODERNA DA BAHIA
Teatro Castro Alves

---

posições de intransigência verdadeiramente opostas aos interesses políticos e universitários); uma classe estudantil que, embora confusamente, e agindo às vezes em sentido contrário aos próprios interesses, estava no caminho mais certo para uma tomada de consciência política e cultural; e, sobretudo, o caráter profundamente popular da Bahia e de todo o Nordeste. O provincianismo cultural limitava-se a uma classe dirigente praticamente inexistente e em via de desmantelamento quando começasse o verdadeiro movimento da cultura de base. Era o que iriam demonstrar os experimentos de alfabetização coletiva de camponeses no Recôncavo Baiano e em todo o Nordeste.

Ao assumir, desde a fundação, a direção do MAM-BA, as possibilidades do Norte do país deram-me a certeza de que a inércia conservadora do Sul poderia ser superada, no campo cultural, pela tensão dos estudantes e pelo caráter fortemente popular do Nordeste.

Comecei o trabalho eliminando a cultura estabelecida da cidade, procurando o apoio da universidade e dos estudantes, abrindo o museu gratuitamente ao povo, procurando desenvolver ao máximo uma atividade didática.

O MAM-BA funcionava provisoriamente no supérstite *foyer* do incendiado Teatro Castro Alves, aberto sobre o Campo Grande, no centro da cidade. O acervo era pequeno: poucos quadros cedidos pelo Museu do Estado, reunidos trabalhosamente por José Valladares, seu diretor até a morte. A verba reduzida não permitia grandes aquisições, mas conseguimos empréstimos do Museu de Arte de

class that, although disorderly and acting sometimes against their own interests, was on the surest way to reach political and cultural consciousness; and, above all, the markedly popular character of Bahia and the Northeast region as a whole. The cultural parochialism was limited to a ruling class virtually nonexistent and fated to dismantle itself when the real movement of popular culture started. This is what the experiments of collective literacy learning among the peasantry in the so-called Recôncavo Baiano [a region around Bahia state capital] and throughout the Northeast would demonstrate.

Having taken over as manager of the Bahia Museum Modern Art (MAM-BA) at its very foundation, I was convinced, based on the potential of the North of the country, that the conservative inertia of the South could be overcome in the cultural field by the students' edginess and the markedly popular character of the Northeast.

I started the job by eliminating the established culture of the city, looking for support from the university and the students, opening the museum for free to people, trying to fully develop an educational activity.

The MAM-BA was temporarily housed in the remnant foyer of the burned Castro Alves Theater, opened in Campo Grande, downtown. The collection was small: a few pictures granted by the State Museum, painstakingly gathered by its director José Valladares, who remained in office until his death. The budgetary restrictions of the MAM-BA did not allow big acquisitions, but we've got borrowings from São Paulo Art Museum, and through a good planning

São Paulo e pudemos, com a planificação certa dos recursos, aumentar a coleção: o museu chegou a ter uma importante coleção de artistas brasileiros e alguns estrangeiros. Na rampa de acesso ao teatro, instalamos um auditório-cinema para conferências, aulas, projeções e debates; nos grandes subterrâneos, uma escola de iniciação artística para crianças; a Escola de Teatro e o Seminário Livre de Música da Universidade Federal da Bahia colaboravam. Com Martim Gonçalves, diretor da Escola de Teatro, montamos, no grande palco semidestruído, cuja nudez aumentava a dramaticidade das encenações, textos de Brecht e Camus: *A ópera de três tostões* e *Calígula*.

Martim Gonçalves criou na Escola de Teatro um verdadeiro centro de cultura; esboçava-se na Bahia o movimento do Cinema Novo; Trigueirinho acabava de filmar, nas ruas da cidade, *Bahia de todos os santos*; e Glauber começava *Barravento* nas praias além de Itapuã. No Teatro Castro Alves, os jovens cineastas construíam com as próprias mãos os cenários de *A grande feira* e *Tocaia no asfalto*.

Superintendente do Castro Alves, pensei reconstruí-lo não nos moldes do teatro de "corte" italiano do século xviii ou do burguês do século xix, mas como teatro popular moderno, sem a anacrônica mecanização do palco e com cenas laterais, e sem a "decoração" pretensiosa. A reconstrução do teatro obrigava à mudança do museu. Pensei no Conjunto do Unhão, cuja construção data do século xvi e que Martim Gonçalves tinha me mostrado em 1958 quando pensava instalar nele uma dependência da Escola de Teatro. Consegui do governo

of resources we were able to increase the collection: the museum came to have an meaningful collection of Brazilian and some foreign artists. In the theater's access ramp we set up an auditorium for conferences, lectures, film screenings and discussions; in the large underground area we put up an art introduction school for children. Both the university's School of Theater and Music Free Seminar collaborated with us. With Martim Gonçalves, director of the School of Theater, we staged Brecht and Camus plays on the partially destroyed large stage, its nakedness contributing to increase the drama: *The Threepenny Opera* and *Caligula*.

Martim Gonçalves created at the School of Theater a true center for culture; the New Cinema movement in Bahia was being outlined; Trigueirinho had just shot *Bahia de Todos os Santos* on the city streets; and Glauber had started filming *Barravento* on the beaches beyond Itapuã. In the Castro Alves Theater, young filmmakers were building sceneries with their own hands: *A Grande Feira*, *Tocaia no Asfalto*.

As superintendent of the Castro Alves, I thought of rebuilding it not along the lines of the 18th century Italian "courtisan" theater or those of the 20th century bourgeois one, but as a modern popular theater, without the anachronistic mechanization of the stage and the pretentious décor, and with side scenes. The theater rebuilding required transferring the museum. I recalled then the Unhão complex, built in the 16th century. Martim Gonçalves had shown it to me in 1958 when he planned installing there a complimentary venue to the School of Theater. Bahia state government authorized building

do Estado a desapropriação e a verba necessária para a restauração, e oito meses depois, março de 1963, o conjunto estava praticamente pronto; nele iriam funcionar o Museu de Arte Popular e as Oficinas do Unhão, um centro de documentação de arte popular (não folclore) e um centro de estudos técnicos visando a passagem de um pré-artesanato primitivo à indústria, no quadro do desenvolvimento do país. Em novembro do mesmo ano, o museu inaugurava a primeira grande exposição coletiva de arte popular do Nordeste, a mostra *Civilização do Nordeste*, com artes plásticas dos artistas da Bahia, Ceará, Pernambuco e do Centro de Cultura Popular do Recife. O Museu de Arte Popular do Unhão pertencia ao Museu de Arte Moderna da Bahia e tinha como programa o levantamento do artesanato (pré-artesanato) popular de todo o país.

Mas graves fatos tinham acontecido.

A situação preocupava e o medo da classe dirigente aumentava dia a dia frente à agressividade dos estudantes; frente à possível explosão das fronteiras da velha cultura acadêmica, cujo fantasma ameaçador era a Universidade de Brasília; frente à alfabetização em massa praticada com o sistema Paulo Freire, principalmente por estudantes da UNE; frente à pressão de toda a estrutura do país, que chegara ao máximo de autodesenvolvimento nos limites da velha estrutura e necessitava, para sobreviver, daquelas reformas que a classe privilegiada não queria conceder a preço nenhum.

Na Bahia, com o afastamento e a morte do reitor Edgar Santos, a universidade tinha parado; a página semanal dos estudantes que o jornal *A Tarde*

expropriation and granted me the money needed for restoration. Eight months later, in March 1963, the complex was almost ready; it would house the Popular Art Museum and the Unhão workshops, a center for documentation of popular art (not folklore) and for technical studies approaching the passage from a pre-craftsmanship to modern industry in the country's development context. In November of that year the museum inaugurated the first major group exhibition of Northeastern popular art, *Northeastern Civilization*, gathering visual artists from Bahia, Ceará and Pernambuco, and from Recife's Center for Popular Culture. The Unhão Museum of Popular Art belonged to the Bahia Museum of Modern Art and had as its program to survey popular (pre-) craftsmanship throughout the country.

But serious events had taken place.

The situation was disturbing and the fear of the ruling class increased day by day: fear of students aggressive ness; of a breakdown of the boundaries established by the old academic culture, whose threatening ghost was the University of Brasilia; of the mass literacy teaching carried out mainly by UNE's students using Paulo Freire method; of the pressure on the entire structure of the country, which had reached the maximum development from itself within the limits of the old structure and needed now, in order to survive, of those reforms that privileged class did not want to allow at any cost.

In Bahia, with the removal and death of the dean Edgar Santos, the University had stopped; the students' weekly page in *A Tarde* newspaper had been suppressed. A violent press campaign had forced

publicava fora suprimida. Uma violenta campanha de imprensa obrigara Martim Gonçalves a deixar a Bahia; a televisão e os jornais queriam reconstruir o Castro Alves nos velhos moldes (o que aconteceu). O conhecido vulto da reação cultural, das tradições rançosas, da raiva e do medo aparecia no horizonte. A VI Região Militar, pouco depois de abril de 1964, ocupou o MAM-BA, apresentando a exposição didática da subversão. Em frente ao museu, os canhões da base de Amaralina.

Cinco anos de trabalho duro, que revelaram atitudes, covardias, defecções, velhacarias. Cinco anos também de esperanças coletivas que não serão canceladas: Walter da Silveira, Glauber Rocha, Martim Gonçalves, Noênio Spinola, Geraldo Sarno, Norberto Salles, Rômulo Almeida, Augusto Silvani, Heron de Alencar, Vivaldo Costa Lima, Sobral, Lívio Xavier, Calazans, o Brennand daqueles dias.

Cinco anos entre os brancos.

Martim Gonçalves to leave Bahia; television and newspapers wanted to rebuild the Castro Alves Theater in the old lines (which actually happened). The well-known shadow of cultural reaction, of stale traditions, of anger and fear loomed on the horizon.

Shortly after April 1964, the VI Military Region troops occupied the MAM-BA, presenting the educational exhibition of subversion. The Amaralina base cannons stood in front of the museum.

It was five years of hard work that revealed attitudes, cowardice, defections, and deceits. Five years also of collective hopes that will not be obliterated: Walter da Silveira, Glauber Rocha, Martim Gonçalves, Noênio Spinola, Geraldo Sarno, Norberto Salles, Rômulo Almeida, Augusto Silvani, Eron de Alencar, Vivaldo Costa Lima, Sobral, Lívio Xavier, Calazans, the Brennand of those days.

Five years among the whites.

Projeto gráfico, edição e tratamento de imagem
Victor Nosek

Revisão
André Albert

Versão para o inglês
Peter Muds, Silvana Vieira

Revisão do inglês
Julia Spatuzzi Felmanas, André Albert

Desenhos de miolo, capa, manuscritos, cartazes e plantas
Acervo Instituto Lina Bo e P. M. Bardi
pp. 16 a 18, 24, 26, 32, 36, 41, 44, 45, verso da capa

Fotografias
Acervo Documental Museu de Arte Moderna da Bahia
pp. 9, 12, 13

Acervo Instituto Lina Bo e P. M. Bardi
pp. 5 a 8, 10, 11, 14, 15, 19 a 23, 37 a 39, 41 a 43, 46, 47 (sem autoria); 25, 40 (Armim Guthmann, não localizado)

Guilherme Gaensly
p. 4

Luciano Oliveira
pp. 27, 31, verso da quarta capa

Nelson Kon
pp. 28 a 30, 32 a 35

Obras de arte
Abraham-Louis Buvelot
p. 3 (acima, esq.)

François-René Moreaux
p. 3 (acima, dir.)

Friedrich Salathé
p. 3 (abaixo)

Foram realizados todos os esforços para obter a permissão dos detentores dos direitos autorais e/ou fotógrafos, e houve o cuidado de catalogar e conceder seus devidos créditos. Será uma satisfação corrigir quaisquer créditos nas tiragens futuras, caso recebamos mais informações.

Legendas
pp. 6 e 7 Lina Bo Bardi acompanha as obras de recuperação do Solar do Unhão.
p. 43 Lina Bo Bardi, Glauber Rocha e Paulo Gil Soares no Solar do Unhão.
p. 46 Filmagem de *Deus e o diabo na terra do sol*, de Glauber Rocha. Da esquerda para a direita: Paulo Gil Soares, o câmara Waldemar Lima, Glauber Rocha, Lina Bo Bardi, Walter Lima Jr. e Sante Scaldaferri em Monte Santo, Canudos, Bahia, 1963.

Esta publicação faz parte das comemorações do centenário de nascimento de Lina Bo Bardi (1914-2014).

Dados Internacionais de Catalogação na Publicação (CIP)

B236s
Bardi, Lina Bo

Solar do Unhão / Textos de Lina Bo Bardi e André Vainer; Organização de Marcelo Carvalho Ferraz. – São Paulo: Edições Sesc São Paulo, 2015. –
  48 p. il.: fotografias e desenhos. Bilingue, português/inglês. – (Coleção Lina Bo Bardi).

  ISBN 978-85-7995-182-4

  1. Arquitetura. 2. Brasil. 3. Solar do unhão. 4. Bardi, Lina Bo. I. Título. II. Ferraz, Marcelo Carvalho. III. Vainer, André. IV. Coleção

CDD 721

Ficha elaborada por Maria Delcina Feitosa CRB/8-6187

© Edições Sesc São Paulo, 2015.
© Marcelo Carvalho Ferraz, 2015.
Todos os direitos reservados.

1ª Edição, 1999, Editorial Blau.
2ª edição revista, ampliada e com novo projeto gráfico, 2015.

3ª reimpressão, 2025.
2ª reimpressão, 2022.
1ª reimpressão, 2019.

Fonte Helvetica Neue
Papel Couché fosco 150 g/m²
Impressão Margraf
Data Maio de 2025

FSC® MISTO
Papel | Apoiando o manejo florestal responsável
FSC® C015123

Edições Sesc São Paulo
Rua Serra da Bocaina, 570 – 11º andar
03174-000 – São Paulo SP Brasil
Tel.: 55 11 2607-9400
edicoes@sescsp.org.br
sescsp.org.br/edicoes
/edicoessescsp

apoio

INSTITUTO
LINA BO
P.M. BARDI

ISBN 978-85-7995-182-4

lina bo bardi casa de vidro the glass house

marcelo carvalho ferraz (org.)

edições sesc

insetto visto al
Morumby il 21/12/1958

grande proboscide o "nasone"
occhi a fior di testo

corpo marmorizzato
giallo cromo e grigio

lui
rassomigliante

piedi a "scarpacce vecchie"